Piensa como un genio:
Cómo romper paradigmas, realizar un análisis exhaustivo, resolver los problemas de forma creativa e innovar

Por Peter Hollins,
Autor e investigador de petehollins.com

Índice

CAPÍTULO 1. ¿QUÉ DEFINE A UN GENIO?   8

CURIOSIDAD INTELECTUAL   10
DISCIPLINA Y FUERZA DE VOLUNTAD   16
HONESTIDAD INTELECTUAL   21
UNA PIZCA DE POLIMATÍA   27

CAPÍTULO 2. EINSTEIN Y EL JUEGO COMBINATORIO   40

EINSTEIN: UN HOMBRE POLIFACÉTICO   41
EL PODER DE LO POSIBLE   47
EL PODER DE LO EXTRAORDINARIO   52

CAPÍTULO 3. LAS PREGUNTAS INTERMINABLES DE SÓCRATES   60

LA NATURALEZA DEL MÉTODO SOCRÁTICO   63
CURIOSIDAD APLICADA   65
EL MÉTODO SOCRÁTICO COMO TÉCNICA DE PENSAMIENTO   75
AUTOCUESTIONÁNDONOS   77

CAPÍTULO 4. LA REGLA DE ORO DE DARWIN   84

EL INUSUAL TALENTO DE DARWIN   85
LA VERDAD > TENER LA RAZÓN   89

CONSTANCIA > GENIALIDAD   94

CAPÍTULO 5. RENÉ DESCARTES Y EL COMENZAR "DE CERO" 98

COMENZAR DE CERO   100
MEDITACIÓN 1   105
MEDITACIÓN 2   113
MEDITACIÓN 3   116
DESCARTES, EL HOMBRE   122

CAPÍTULO 6. TESLA Y EDISON: DOS CAMINOS AL ÉXITO 130

EDISON: UN MAESTRO Y UN RIVAL   131
LA LECCIÓN DE TESLA: PERSIGUE TUS OBJETIVOS DE FORMA INDIRECTA   134
LA LECCIÓN DE EDISON: PERSIGUE TUS OBJETIVOS DE FORMA GRADUAL   139
GENIOS OPUESTOS   146

CAPÍTULO 7. COPÉRNICO Y GALILEO: LA OSADÍA DE IR CONTRA LA CORRIENTE 152

EL PRECIO DE SER DIFERENTE   153
LOS GENIOS SON LÍDERES, NO SEGUIDORES   158
CÓMO MANEJAR EL RECHAZO   161
OPONERSE AL DETERMINISMO   164
CONCÉNTRATE EN TU TRABAJO   166
CREE EN TI MISMO   168

CAPÍTULO 8. ABRAHAM LINCOLN Y SU EQUIPO DE RIVALES 176

"MANTÉN A TUS ENEMIGOS CERCA"   179

UN GENIO FUERA DE SERIE	**183**
EL PODER DE LA MENTALIDAD	**187**
EL INGREDIENTE SECRETO: HUMANIDAD	**192**
RESUMEN	**200**

Capítulo 1. ¿Qué define a un genio?

¿Qué es un genio? Puede que lo primero que te venga a la mente sea la típica representación que se les da en los programas de televisión. Ya sabes: la oveja negra de comentarios sagaces y aires de arrogancia que parece resolver el crimen o ganar el torneo de ajedrez sin mucho esfuerzo. Las personas siempre han sentido fascinación por los genios y por la capacidad de alcanzar un mayor nivel intelectual. Independientemente de que nuestra admiración vaya dirigida a los genios en el ámbito artístico, científico o empresarial, es difícil resistirse a la idea de conocer a un ser humano que lleva su potencial al máximo.

Si abriste este libro, lo más probable es que también te interese saber qué es lo que distingue a los genios. ¿Acaso es un talento innato, y nosotros, los simples mortales, no podemos hacer otra cosa que observarlos con admiración? ¿O quizá no existe tal cosa como la genialidad, sino años de trabajo estricto y diligente que rinde sus frutos con el tiempo?

En el presente libro, adoptaremos la perspectiva que suelen aplicar los mismísimos genios: abordaremos la idea del éxito y el desarrollo intelectual como tema de estudio, y lo estudiaremos de la misma forma en que Einstein estudiaba la física. En otras palabras, nos convertiremos en estudiantes del éxito humano, y profundizaremos no en un tema, sino en la forma en que pensamos sobre dicho temas, y en cómo podemos optimizar nuestro aprendizaje y habilidades. Observaremos, tomaremos notas y exploraremos qué enseñanzas podemos obtener de las grandes mentes de nuestro tiempo (y para aquellos que estén dispuestos a prestar atención, hay mucho qué aprender).

Sin pensártelo mucho, ¿qué genio se te ocurre? En este libro, repasaremos la vida y obras de personajes como Sócrates, Einstein, Descartes, Darwin y Copérnico, entre otros. A pesar de haber vivido en distintos períodos culturales e históricos, y a pesar de tener distintas ideas e intereses, estos hombres, de hecho, compartían un conjunto increíblemente predecible de características personales. Ahora bien, ¿cuáles son estas características? Antes de continuar con la lectura, cierra el libro e intenta pensar en al menos un par de características o atributos que constituyan la esencia de un genio.

Curiosidad intelectual

Lo más probable es que hayas pensado algo similar a "un genio tiene sed de conocimiento y siente curiosidad por todo". Independientemente del área en la que se desempeñen, las personas inteligentes y altamente perceptivas suelen querer saber el *por qué* de las cosas. Dicha perspectiva de naturaleza activa e intencionada es la que los distingue de aquellos que se conforman con aceptar las cosas tal y como son, sin interesarse por escudriñarlas más a fondo.

Durante la infancia, puede que sea la época en la que más parecemos genios por naturaleza. Somos las consabidas esponjas de aprendizaje, absorbiéndolo todo a nuestro paso, realizando millones de preguntas al día, ansiosos de saber cómo funcionan las cosas por el simple placer de adquirir dicho conocimiento. Cuando crecemos, los adultos que nos rodean nos adoctrinan de acuerdo a ciertas costumbres y convenciones educativas que extinguen esta curiosidad innata. Aprendemos las reglas, las respuestas correctas, y a qué experto consultar. En otras palabras, dejamos de depender de nuestra fascinación innata hacia el universo que nos rodea.

Para un genio, la curiosidad nunca muere. Independientemente de la edad que tengan, parecen tener facilidad para ver el mundo con el mismo asombro de un niño que lo observa por primera vez. Se sienten fascinados ante cosas que a las demás personas les parecen ordinarias. Desean entender cómo funciona todo, qué significa, cómo encaja, ¡y no dejan de investigar hasta descubrirlo!

Por supuesto, hay muchas personas dedicadas a la búsqueda de conocimiento. Imagínate a un periodista en una búsqueda implacable de la "verdad" o de la próxima primicia, o a un académico realizando un análisis exhaustivo en su campo de estudio mientras recopila información para una tesis doctoral. Sin embargo, la diferencia es que estas personas podrían estar buscando conocimiento y superioridad intelectual por motivos secundarios. Por ejemplo, eligen aprender y desarrollar habilidades que les permitan generar dinero, ganarse el respeto de sus compañeros o cumplir las expectativas de los demás. Los genios, por otro lado, no se preocupan por tales cosas, o al menos, dichos beneficios resultan mucho menos importantes que el motivo principal para aprender: "porque sí".

Un genio se dedica a la búsqueda de conocimiento y entendimiento por el simple beneficio de obtenerlos. La emoción de aprender, de escudriñar los misterios de la vida, de entender mejor lo que antes resultaba incomprensible; estos logros, por sí mismos, son vistos como recompensas, y suponen un objetivo que vale la pena alcanzar. Esto se evidencia en el hecho de que muchos genios se dedican a la búsqueda de conocimiento y comprensión a pesar de que, de hecho, arriesgan dinero, seguridad y aprobación social. Tal como veremos pronto, muchos de los genios más famosos de la historia recibieron fuertes críticas de sus colegas de la época, o sacrificaron relaciones personales y su seguridad económica para dedicarse al objeto de su fascinación intelectual.

Los genios nunca muestran desinterés por lo desconocido, y resulta evidente que no le temen. Por el contrario, les fascina, y procuran satisfacer su curiosidad. Su actitud es la de un naturalista: desean estudiar el funcionamiento más profundo del universo, en lugar de limitarse a aceptar las manifestaciones superficiales.

Sin embargo, ¿es esta una cualidad que puedes desarrollar por ti mismo? Por supuesto. Recuerda, la curiosidad es innata; ¡no tendríamos el conocimiento actual, ni hubiésemos alcanzado la adultez, si no estuviésemos programados por naturaleza para el aprendizaje! Es cuestión de reconectarnos con esa curiosidad y deseo de aprender propios del ser humano.

Esta actitud se traduce como ser de "mente abierta". Solo por hoy, sal a explorar el mundo e imagina que volviste a ser un niño y que todo es nuevo para ti (o imagina que eres un extraterrestre que observa la tierra por primera vez e intenta encontrarle sentido). Dedícate por un día a hacer preguntas sobre lo que ocurre a tu alrededor. Presta atención a lo que despierta tu curiosidad. ¿Qué área te genera esa descarga de emoción y energía, aquella sensación tan estimulante como descubrir un conejo de chocolate durante una búsqueda de huevos de pascua?

Cuando notes que se despierta dicha curiosidad en tu interior, presta atención. Profundiza en las interrogantes que te invaden. Piensa de forma creativa en lo que observas, y pregúntate: "¿De qué manera podría este elemento ser distinto a lo que se cree?" Muchos genios han logrado realizar descubrimientos increíbles en sus respectivos campos de estudio precisamente por haber sido capaces de percibir los hechos profundamente obvios de la existencia que todos los demás se han entrenado con diligencia para ignorar. Dedícate a buscar problemas e imagina soluciones innovadoras para los mismos.

Solemos pensar que los genios son personas serias y aburridas, pero nada podría estar más alejado de la realidad. La etapa inicial de cualquier idea o innovación prodigiosa es, básicamente, *un juego*. Para adoptar dicho estado mental, irónicamente, es necesario que desechemos el deseo de ser inteligente, de tener la razón o de ser admirado por los demás. Es necesario que olvidemos los *objetivos* que podríamos asociar a la superioridad intelectual. Muchos de los descubrimientos más importantes del mundo ocurrieron por accidente, cuando el investigador relajaba la mente y se limitaba a ver lo habitual de una forma ligeramente distinta.

En los siguientes capítulos, exploraremos el valor fundamental de la curiosidad, lo que implica ser de mente abierta y dedicarse a una actividad sin tener objetivos concretos, pero por ahora imagina que un genio no es más que un niño que ve el mundo como un inmenso y maravilloso patio de recreo. Adoptando esta mentalidad, ya estarás a medio camino de convertirte en un genio.

Disciplina y fuerza de voluntad

Por supuesto, no todo es juego y diversión. Aunque muchos momentos *Eureka* han ocurrido de las formas descritas en los párrafos anteriores, esto no es más que el comienzo del viaje. Aquellos que tienen la dicha de ser muy curiosos por naturaleza encontrarán un sinfín de temas interesantes a investigar, pero puede que jamás reúnan la energía y disciplina necesarias para desarrollar alguno hasta el final. Esto se debe a que para alcanzar el nivel que solemos atribuirle a un genio se necesita otra cualidad indispensable: el esfuerzo.

Si la creatividad, inspiración y curiosidad representan la chispa que enciende la hoguera, entonces en algún momento necesitarás una fuente constante de combustible para que las llamas se mantengan vivas a largo plazo. Cuando analizamos la vida de un genio o de una persona superxitosa, solo nos fijamos en su éxito. Los vemos al final de la travesía, cuando su teoría magistral está completa, el invento ya funciona, o su obra maestra está terminada.

Sin embargo, esta no es más que la superficie, una simple fracción de todo el trabajo que dicha persona ha realizado durante años, y muchas veces durante décadas. Es como ver a una persona cruzando la línea de meta de un maratón; el último paso no es más que uno de los miles que la llevó hasta ese punto, ¡cada uno más emocionante que el anterior!

Los genios hacen el trabajo que otras personas no están dispuestas a hacer. Son las personas dispuestas a pasar la noche en vela. De hecho, gran parte del éxito de un genio se debe a una *combinación* entre curiosidad insaciable y esfuerzo constante. Sin pasión, no se logran superar los obstáculos y las adversidades. Sin esfuerzo, la pasión nunca se despierta ni se materializa. Las personas pueden sentirse agotadas ante las circunstancias porque a pesar de tener el combustible (por ejemplo, la voluntad de esforzarse), carecen de una pasión sincera por el tema que los ayude a "despegar". Se rinden mucho antes que aquellos individuos que sí están dispuestos a esforzarse y que poseen una pasión genuina por el tema a desarrollar.

Paciencia, dedicación y disciplina es lo que se necesita para *moldear* y *orientar* nuestra curiosidad intelectual innata y espontánea. Al igual que un científico, necesitamos organizar y estructurar nuestra investigación en función del mundo que nos rodea. Cualquier experimento será inútil si no se planifica de forma adecuada, se expone de forma lógica y se ejecuta con diligencia, muchas veces siendo necesaria la realización de múltiples intentos. A tal fin, se hace necesario aplicar un esfuerzo y concentración constante.

Cuando te motiva la "perspectiva a gran escala" y disfrutas el proceso de aprendizaje como tal, puedes postergar el disfrute que viene acompañado del éxito. No te molesta esperar por la recompensa, en ocasiones por años, pues entiendes el proceso que estás atravesando. Tener paciencia y retrasar la recompensa resulta más sencillo cuando se trata de una actividad que te apasiona de verdad. Si tus únicos incentivos son el dinero o la admiración, tirarás la toalla en cuanto parezca que no vale la pena el esfuerzo. Por otro lado, podrías sentir la tentación de conformarte con una meta provisional de menor escala y renunciar a la recompensa mayor porque quieres disfrutar del éxito lo más pronto posible.

Por lo tanto, un genio es una criatura poco común, pues cuenta con una poderosa combinación de dos fuerzas bastante incompatibles: por un lado, es un intelectual de mente abierta, apasionado e independiente que desea aprender por amor al propio aprendizaje. Por otro lado, es un ser extremadamente disciplinado, centrado y riguroso, que podría dedicarle horas a una actividad que podría resultar tediosa e irrelevante para otra persona, la cual es incapaz de entender la visión que intenta materializar el genio con tanta dedicación.

¿Cómo puedes desarrollar esta diligencia? Es aquí donde entramos al terreno de la disciplina. El genio es su propio maestro, y no necesita incentivos externos para esforzarse. Simplemente se pone manos a la obra, y se mantiene constante en la faena hasta que haya cumplido con sus propios estándares de excelencia. Posteriormente, ¡eleva aún más sus estándares! Un método para aplicar cierto grado de esta concentración en tu vida es reduciendo el "sonido", de manera que puedas concentrarte mejor en el área que más te interese (o quizá en un par de ellas).

Podrías tomar la decisión de concentrarte en una tarea principal por día. Dedícate a ella y líbrate de todas las distracciones. Profundiza en el trabajo, más allá de lo superficial. Si no sientes que sea un desafío lo suficientemente complejo, presiónate más. Si el trabajo parece muy difícil, divídelo y concéntrate en tareas pequeñas hasta que recobres el impulso. Independientemente de lo que hagas, garantiza que haya progreso en la actividad. Puedes moverte más lento algunos días y más rápido en otros, pero no permitas que transcurra un día sin haber dado al menos un paso hacia el objetivo que hayas establecido.

Esta actitud que considera el trabajo como algo obligatorio facilitará la adopción de buenos hábitos. Profundizaremos sobre este tipo de técnicas en capítulos posteriores, pero algunos de los principios más básicos sustentan los enfoques más efectivos. Por ejemplo, establece tu objetivo final... y luego olvídate de él. Por el contrario, concéntrate en hábitos diarios y manejables. Haz que trabajar en función de tu objetivo parezca tan automático como cepillarte los dientes todos los días. Los grandes objetivos se alcanzan paso a paso, y el genio sabe cómo concentrarse en estos pasos pequeños y progresivos. Al final de cada jornada, habrán hecho un progreso, por pequeño que sea.

Honestidad intelectual

Analicemos otras cualidades fundamentales. Imagínate al genio manos a la obra, día tras día. Intenta el Plan A, y no sale muy bien. Realiza un par de ajustes e intenta una nueva versión: el Plan B. Este tiene mejores resultados, pero no sale del todo bien. El genio admite que algunas premisas no están muy bien fundamentadas. El Plan C no funciona en lo absoluto, así que regresa al punto de partida y comienza desde cero, esta vez con un enfoque completamente nuevo. Y así sucesivamente.

Este tipo de proceso gradual y extenuante requiere paciencia y esfuerzo, pero también necesita de algo muy importante: humildad. Una persona que nunca está dispuesta a admitir sus errores se detendrá al primer obstáculo. Si eres terco, tienes un ego enorme y odias cometer errores, no avanzarás (en términos de conocimiento). Aquellos que hacen la vista gorda ante la evidencia son lo *opuesto* de un científico (y, de hecho, son lo opuesto de un genio, pero puedes elegir la descripción que prefieras...).

Además de ser jovial, curioso y de mente abierta, aquél que busque alcanzar la genialidad debe estar dispuesto a dejarse llevar por el proceso de aprendizaje. En ocasiones, esto implica que el proceso te diga, con toda claridad: "¡Te equivocas! Vuelve a intentarlo". Un genio recibe dicha crítica "negativa" tal y como es, piensa "Mmm, interesante", cambia el enfoque y se limita a hacer otro intento. Alguien carente de genialidad interpretará dicha crítica del universo como un motivo para sentirse mortificado. Debido a que involucra el ego en el proceso de aprendizaje, interpreta los errores como un fracaso personal, y como un reflejo de lo que es como persona.

Por lo tanto, cuando comete un error, siente que es *él* quien está equivocado y, comprensiblemente, lo percibe como una seria amenaza. Su reacción es negar que esté equivocado, ignorar la evidencia, o mantener el *statu quo*, pues sentirse como un principiante es un gran bochorno para él. Básicamente, esa es la diferencia entre una mentalidad fija (por ejemplo, "Soy así y no puedo cambiar") y una mentalidad de crecimiento ("Siempre es posible aprender un poco más").

A esta cualidad podemos llamarla "honestidad intelectual". Es la capacidad de ser flexible, de ser honesto contigo mismo y de corregirte sin mucha parcialidad u obstinación. El nivel de disposición que tengas a estar equivocado será directamente proporcional a tu capacidad de aprender. Después de todo, aquellos que todo lo saben no tienen necesidad de hacer preguntas, de crecer como personas, o de aprender de los demás. Por lo tanto, no lo hacen.

Afortunadamente, esta es una cualidad que resulta muy sencilla de aprender por tu cuenta. ¿Cómo? Muy fácil: sométete al bochorno de vez en cuando. Algo que resulta increíblemente liberador para el alma y el intelecto es apresurarse a decir "no lo sé" cuando de verdad no se sabe algo. Si estás discutiendo con alguien que acaba de demostrar tu error, no empeores las cosas intentando aferrarte con más fuerza a tu postura o intentando hacer ver que tuviste la razón desde el principio. Por el contrario, declara con toda libertad y prontitud: "Sí, ¡creo que tienes razón!" y limítate a descartar la idea o creencia que sostenías anteriormente.

Es más fácil decirlo que hacerlo. Sin embargo, si logras poner en práctica dicha cualidad con constancia, no tardarás en desarrollar honestidad intelectual e, irónicamente, las personas verán tanto tus opiniones como a ti mismo de una forma más favorable. No solo demuestras madurez intelectual, sino sabiduría y sensatez al admitir tu ignorancia. Recuérdate que estar equivocado o cometer errores no es el fin del mundo. De hecho, si no enfrentas de forma constante tu ignorancia y falta de aptitud, ¡no te estás exigiendo lo suficiente!

Mira los errores y el estar equivocado como el precio a pagar por participar en el juego del aprendizaje. Recuerda que incluso los más grandes genios de la historia cometieron errores (de hecho, ¡es probable que hayan cometido más errores que tú!). Se dice que el número de fracasos de un empresario exitoso supera el número de intentos de una persona promedio. El genio, por lo tanto, no es alguien a quien todo le parece fácil y lo hace todo bien a la primera; en realidad, son personas que tienen un umbral de tolerancia más alto de lo normal respecto a la duda, el "fracaso" o la confusión.

Son aquellos que están dispuestos a verse como un pobre principiante durante años, antes de tener la oportunidad de hacer alarde de sus habilidades. Son aquellos a quienes no les importa que sus ideas descabelladas sean objeto de burlas. Mientras el resto del mundo podría sentir lástima de una persona que perdió cantidades de dinero en una empresa que no dio resultados, la propia persona podría pensar: "¡Excelente! Ahora sé lo que *no* debo hacer la próxima vez. Grandioso..."

Además de decir con frecuencia "no lo sé" o "me equivoqué" (y decirlo de corazón), la mentalidad del genio se caracteriza por una sincera ausencia de parcialidad y prejuicios. Nunca olvides tu curiosidad innata; es un elemento que no prosperará en presencia de ideas y opiniones testarudas e intransigentes. Analiza tu propio discurso y fíjate si logras identificar alguna instancia en la que utilices palabras como "siempre" y "nunca". Estos indicadores podrían darte una pista sobre las inclinaciones y premisas arraigadas en tu interior que podrían necesitar un cambio.

Una pizca de polimatía

Sigamos con otra cualidad fundamental, una que solo podemos denominar "hacer de todo". El pensamiento de un genio es más lateral que vertical. En otras palabras, es amplio. A pesar de que a los genios les gusta analizar las cosas a profundidad, nunca tienen un único interés. Esto se debe a que su curiosidad natural los lleva a interesarse en todo tipo de temas y áreas. Si adoptas el hábito de preguntar con frecuencia "¿por qué?", no tardarás en encontrarte estudiando *todos* los aspectos de la vida (¿Y por qué no? ¿Por qué limitarse?).

Tal como verás pronto, los intelectuales más prominentes de la historia tenían un rasgo en común: leían mucho, y tenían una amplia gama de intereses. Si eran científicos, incursionaban en todo tipo de ciencia, y también disfrutaban de la poesía, la caza y la teoría económica (por ejemplo). Si estaban involucrados en la política, también se interesaban por la religión o la pintura, o si eran filósofos, también tenían un profundo interés por la antropología y la música. Seguro ya entiendes la idea. No se enfrascaban en un único tema. Es la mente humana la que divide el mundo en pequeñas categorías; los genios saben que, de hecho, todo está conectado, y es por eso que no limitan su investigación.

Los genios están bien informados y se mantienen al día con los últimos hallazgos. Quieren entender lo que ocurre en el mundo que los rodea. Por lo tanto, al hablar con cualquier persona, lo más probable es que sean capaces de aportar algo a la conversación, y si no tienen la más mínima idea sobre el tema, entran en modo investigador y se limitan a obtener todo el conocimiento posible cuando conocen a alguien que esté instruido en una materia que ellos desconocen. Si se encuentran familiarizados con las matemáticas y la programación, y hablan con un experto en literatura, no podrán evitar establecer conexiones y relaciones entre ambas áreas, tratando de entender la nueva información en función de lo que ya saben. Podrían sentir curiosidad por la representación simbólica en la literatura, o preguntarse cómo una IA podría codificar y representar distintos tipos de escritura, o cómo ciertos lenguajes podrían considerarse más "matemáticos" que otros.

De hecho, es este deseo de combinar distintas áreas de conocimiento lo que les permite a los genios proponer tantos enfoques y teorías novedosas. A los genios les resulta natural usar analogías de todo tipo. Sus mentes se encuentran en una búsqueda constante de la perspectiva a mayor escala. Quieren saber cómo encaja cada pieza, así que cuando se topan con nueva información, lo primero que hacen es examinarla y determinar cómo se relaciona con la que ya poseen. Puede que esta sea la razón por la que tantos científicos extraordinarios también son personas con grandes inclinaciones artísticas y creativas; saben trabajar con metáforas y analogías, y pueden reorganizar conceptos, cambiar perspectivas y "traducir" ideas de un campo a otro.

La forma de fomentar dicha cualidad en tu persona es buscando conexiones e interrelaciones a conciencia en todo lo que haces. No pienses de una forma que divida cada tema en pequeñas categorías, más bien procura combinarlo todo. Como un forma divertida de practicar, analízate e identifica un área en la que seas experto (¡o aspires serlo!). Ahora piensa en un área que no conozcas mucho. Posteriormente, fíjate si puedes establecer conexiones entre ambas. ¿Logras notar que las economías son como pequeños ecosistemas? ¿O logras entender la similitud entre componer una melodía compleja y escribir una receta? Quizá puedas escuchar alguna canción e imaginar que posee su propio lenguaje y vocabulario (o que, de hecho, puede interpretarse como algún tipo de animal).

La idea de establecer este tipo de conexiones y relaciones no es para descubrir algún vínculo auténtico, sino para expandir tus propios horizontes y comenzar a ver el mundo como un lugar mucho más amplio (es decir, ¡como realmente es!). Lamentablemente, a las personas se les enseña que el "hemisferio izquierdo" y "el hemisferio derecho" del cerebro son distintos, y que aquellos con talento para las ciencias "puras" tendrán un desempeño deficiente por naturaleza en las artes e idiomas, mientras que aquellos más creativos y sociales exhibirán un mayor desempeño en el ámbito de los negocios o la ingeniería. Un genio no acata estas reglas en lo más mínimo; recuerda, ellos ven el mundo como un patio de recreo, y no como una casa llena de habitaciones a las que se les prohíbe entrar.

Tú también puedes esforzarte en adoptar el hábito de jamás asumir que algo está fuera de tu alcance. Incluso si crees que ciertos temas o ideas son demasiado complejos o irrelevantes, escudríñalos de todos modos y comprueba lo que puedes aprender de ellos. Otro buen hábito es tratar de abarcar todas las perspectivas de un mismo tema, es decir, no te enfrasques en buscar material que confirme tus creencias. No asumas saber en qué consiste "la perspectiva opuesta", ¡compruébalo tú mismo!

Entabla debates auténticos y de buena fe con personas con las que discrepes, y ponte en el lugar de tu contrincante. Busca información por internet que contradiga tu perspectiva, y mira qué pasa. Además de admitir su ignorancia con más frecuencia que los demás, los genios también dicen otra cosa: "Esta es mi opinión... por ahora. Pero es provisional. Estoy dispuesto a cambiarla si encuentro evidencia que demuestre lo contrario".

Por último, al mencionar que los genios se sienten cómodos con mantener opiniones provisionales y cambiar de parecer cuando sea necesario, es inevitable considerar otro aspecto que los caracteriza, y es que pocas veces son personas convencionales. Los genios siempre piensan de una forma que rompe paradigmas, o analizan el propio paradigma para determinar de qué está hecho, cómo funciona, y por qué. Llamarlos "rebeldes" no sería apropiado, más bien son personas que siguen sus propios principios y que raramente acatan reglas que les parezcan ilógicas y arbitrarias.

Esto se debe a que analizan las cosas más de lo normal; el mundo les parece más modificable y cuestionable que a los demás (las reglas, en este caso, pueden percibirse como límites y obstáculos sin sentido). Ya hemos visto que la perspectiva de un genio consiste en establecer conexiones creativas, detectar relaciones ocultas, e investigar más a fondo las verdaderas causas de los fenómenos. Probablemente, cosas como aceptar la opinión pública sin fundamento alguno, las reglas arbitrarias que solo existen porque sí, y el acatamiento temeroso de las reglas no forman parte de la mente de un genio. Sin embargo, tal como se mencionó anteriormente, no es que a los genios les divierta romper las reglas; más bien, es que solo responden a una autoridad superior, y si al final obedecen y acatan las órdenes, es porque aceptan la validez de la perspectiva de otro intelectual.

El pensamiento de un genio está más caracterizado por las estructuras sociales no jerárquicas, el pensamiento no lineal y la tendencia a ir contra la opinión popular (cuando dicha opinión no es más que una cuestión de costumbre y tradición, en lugar de ser el método más óptimo de realizar la actividad). Es por ello que los genios suelen estar involucrados con tanta frecuencia en la ciencia e innovación; son las personas que impulsan a la humanidad a dar un paso más allá, insistiendo en que la vida debe tener mucho más que ofrecer, incluso si las personas tienen miedo de intentar cosas nuevas.

El pensamiento de un genio es dinámico y adaptable. No teme adaptarse o modificarse cuando sea necesario. Por consiguiente, un genio no tendrá reparos en descartar un estilo de vida anterior por completo para así adoptar uno completamente nuevo. Les hace felices imaginar soluciones innovadoras, nuevas posibilidades creativas o incluso sueños fantásticos y estrafalarios para el futuro. No suelen medir sus ideas de acuerdo a los estándares aceptados por la sociedad. En otras palabras, no les interesa la popularidad, la moda o siquiera agradarles a los demás. Y esto es lo que les permite convertirse en auténticos exploradores de lo desconocido.

Puede que sea un cambio de perspectiva difícil de realizar en tu vida, pues cada uno de nosotros, lo admitamos o no, se encuentra profundamente integrado a los valores y normas de su período cultural e histórico. Todos tenemos prejuicios e ideas preconcebidas, y nuestra propia opinión sobre lo que es imposible, lo que está bien, y lo que está mal.

Una de las mejores herramientas de un genio es la mentalidad asociada al planteamiento de situaciones hipotéticas, así como tener la mente abierta respecto a las respuestas que podrían surgir a partir de dichos planteamientos. Cuestiona tus propias "reglas" y te volverás más diestro en el reconocimiento de las restricciones innecesarias que te han impuesto los demás. Podrías practicar este cambio de mentalidad en este preciso instante. Busca un trozo de papel y, con mucha rapidez y sin pensártelo mucho, escribe cinco cosas de las que creas estar completamente seguro sobre tu persona o sobre el mundo. Escribe tus creencias o premisas básicas, desde las más pequeñas hasta las más grandes.

Supongamos que escribiste: "Valoro la educación y el aprendizaje, así que intentaré ingresar a la universidad". Ahora, analiza esto de la forma más neutral que puedas. Fíjate en la naturaleza tácitamente condicional de dicha afirmación, es decir, la premisa de que ir a la universidad es la forma ideal (¿o la única?) de tener acceso a la educación. Toma en cuenta las premisas y expectativas detrás de tal afirmación; que la enseñanza y el aprendizaje provienen de instituciones reconocidas, en otras palabras, externamente, y que si valoras la educación y el aprendizaje tendrás que recurrir a dichas instituciones para que te permitan aprender. Puede que sea una simple afirmación a la que normalmente no le darías muchas vueltas, pero al analizarla más fondo, ¿te das cuenta de todas las reglas implícitas en la misma?

Puede que *no* sea cierto que universidad = educación. Un genio no da nada por sentado... ni siquiera su propia palabra. Siempre se plantea situaciones hipotéticas. ¿Y si fuese posible adquirir más conocimiento sin ingresar a la universidad? ¿Y si tu mayor anhelo en realidad fuese seguir un camino distinto al de las personas de tu generación?

Las respuestas son irrelevantes; el simple hecho de plantearte la interrogante es lo que importa.

En los siguientes capítulos, estudiaremos más a fondo ejemplos específicos de las personas que han sido considerados como genios por la opinión pública. No solo veremos que cada una de estas personas ha demostrado a la perfección las cualidades que hemos discutido anteriormente, sino exactamente cómo lograron expresar dichas tendencias y cualidades en sus obras, y como dichas cualidades fueron la clave de su éxito.

Moralejas

- Existen genios de todo tipo, de todos los sectores y de todos los períodos históricos, pero todos poseen ciertas características y mentalidades predecibles.
- Si podemos usar las cualidades de los intelectuales más importantes y exitosos como inspiración para nuestra vida, también podemos aprender a desarrollar más a fondo nuestro potencial intelectual y creativo.

- La primera cualidad es una **sed de aprendizaje y una curiosidad insaciable** respecto a la forma en que funciona el mundo y por qué lo hace. Es un conocimiento y entendimiento que se procura por el propio beneficio de obtenerlo, y no porque conduzca de forma indirecta hacia otro objetivo como la fama o el dinero. Dicha pasión e inspiración nos hace perseverar en cualquier empresa.
- Otra cualidad es la diligencia, paciencia, dedicación y disciplina, es decir, todo lo asociado al **esfuerzo** constante. Si no llevamos a cabo acciones prácticas y rigurosas día tras día, ni estamos dispuestos a postergar la recompensa, el éxito nunca se materializará.
- La **honestidad intelectual** también es importante, y esta incluye la humildad y la capacidad de admitir tu ignorancia respecto a un tema, o que cometiste un error. Los genios saben que la terquedad, los prejuicios, las expectativas y el ego pueden minar el auténtico aprendizaje.

- La mayoría de genios suelen ser **polímatas** (diestros en diversas áreas) y en lugar de tener intereses reducidos, estos son de lo más extensos. Están bien instruidos y realizan conexiones entre todas las disciplinas, perciben relaciones y analogías, y encuentran inspiración en todos los campos de estudio, jamás limitándose a un área en específico.
- Por último, suele manejarse la opinión de que los genios son pensadores innovadores y **creativos**. Tales personas son anticonvencionales y suelen ignorar las reglas arbitrarias, las opiniones populares o las premisas y hábitos indiscutidos. Se sienten cómodos yendo más allá de los límites y explorando nuevo territorio, y esto los convierte en personas innovadoras y pioneras (¡y que también resuelven los problemas!)
- Siempre podemos tener en cuenta dichas mentalidades propias de un genio y procurar desarrollarlas de distintas formas.

Capítulo 2. Einstein y el juego combinatorio

Albert Einstein es el célebre físico y matemático alemán que obtuvo el Premio Nobel en 1921 por su trabajo sobre el efecto fotoeléctrico. Hoy en día considerado como uno de los científicos teóricos más influyentes de la historia, Einstein era conocido por ser una persona muy inquisitiva y curiosa. Se dice que Einstein no disfrutó mucho de la escuela durante su infancia, pero que las clases particulares que recibió a temprana edad despertaron su interés por el tema de la luz.

Cuando Einstein se excusó del servicio militar durante sus años mozos y desertó de la escuela (prefería estudiar por su cuenta), sus padres se preocuparon por el futuro del joven. Sin embargo, fue admitido en la prestigiosa universidad de Zúrich gracias a su excelente desempeño en los exámenes de admisión de matemáticas y física. Tras graduarse, trabajó como empleado en la oficina de patentes, donde se dedicó a desarrollar en privado algunas de sus ideas.

En 1905, publicó cuatro artículos revolucionarios sobre el efecto fotoeléctrico, el movimiento browniano y la relatividad. Einstein se casó y tuvo hijos, pero su matrimonio fracasó; se divorció y volvió a contraer matrimonio en 1919. En aquel entonces, Einstein era menos conocido por su teoría de la relatividad de lo que es hoy en día, y quizá no pudo haber previsto la dirección exacta en la que sus descubrimientos dirigirían al mundo de la física en el futuro (por ejemplo, que su trabajo presagiase el desarrollo de la bomba atómica).

Einstein: un hombre polifacético

Por sorprendente que parezca (o quizás no), el científico más eminente del siglo 20 también era conocido por apartar tiempo de su investigación para tocar el violín. En el proceso, Einstein realizaba una combinación de lo "complejo" y lo "sencillo" o, para ser más exactos, ponía en práctica habilidades que exigían mentalidades muy distintas.

Según consta, incluso tenía mucha habilidad para el instrumento, al igual que para el piano. Pero de hecho, mientras tocaba el violín durante sus descansos, Einstein realizó algunos avances en su investigación y preguntas filosóficas. Supuestamente, una de estas sesiones musicales sirvió de inspiración a su ecuación más famosa: *E=mc²*. Tomando en cuenta lo que ya sabemos sobre la forma en la que un auténtico genio suele ver el mundo, esto no debería sorprendernos.

A Einstein se le ocurrió el término *juego combinatorio* para describir el proceso intangible en el que su afición favorita conducía a las ideas que revolucionaron todo el pensamiento científico. Explicó su razonamiento de la forma más clara que pudo en una carta que le escribió en 1945 al matemático francés Jacques S. Hadamard.

"Mi estimado colega:

En las siguientes líneas, intentaré responder brevemente a sus preguntas de la forma más clara que me sea posible. No estoy satisfecho con las respuestas, y estoy dispuesto a contestar más preguntas si usted considera que estas podrían ser de alguna utilidad para el trabajo tan complejo e interesante que usted ha emprendido.

(A) Las palabras o el lenguaje, en su forma oral o escrita, no parecen cumplir papel alguno en mi mecanismo de pensamiento. Las entidades físicas que parecen servir como elementos del pensamiento son ciertos signos e imágenes relativamente claras que pueden ser reproducidas y combinadas de forma "voluntaria".

Existe, por supuesto, cierta conexión entre dichos elementos y conceptos lógicos relevantes. De igual forma, resulta evidente que el deseo de terminar desarrollando conceptos relacionados lógicamente constituye la base emocional de este juego relativamente vago que se realiza con los elementos antes mencionados. Sin embargo, desde un punto de vista psicológico, este juego combinatorio parece ser el rasgo esencial del pensamiento productivo (antes de que se forme alguna conexión con una construcción lógica expresada en palabras u otros signos que puedan ser comunicados a otra persona).

(B) Los elementos antes mencionados son, en mi caso, de tipo visual y algo muscular. Las palabras convencionales u otros signos deben ser procurados a conciencia solo en una etapa secundaria, cuando el mencionado juego asociativo está lo suficientemente establecido y puede ser reproducido a voluntad.

(C) De acuerdo a lo que se ha mencionado anteriormente, el juego con los elementos mencionados pretende ser análogo a ciertas

conexiones lógicas que uno está buscando establecer.

(D) Visual y motor. En el nivel en el que las palabras intervienen de alguna forma, estas son, en mi caso, meramente auditivas, pero solo interfieren en un nivel secundario, como se mencionó anteriormente.

(E) Me parece que aquello que usted denomina conciencia completa es un caso límite que no puede alcanzarse del todo. Esto parece guardar relación con el concepto llamado estrechez de la conciencia (Enge des Bewusstseins)".

En primer lugar, presta atención al hecho de que Einstein no tiene problema alguno en emplear la metacognición, o pensar sobre su forma de pensar y realizar preguntas sobre su forma de realizar preguntas. Einstein parecía creer que entregarse a sus tendencias creativas resultaba provechoso para sus actividades lógicas y racionales. Puede que haya sido así, y también puede que el hecho de permitirse una distracción facilitase la adopción de distintas perspectivas y la percepción de los problemas desde distintos ángulos. Tal vez guarda relación con el llamado efecto Medici, en el que la unión de distintas disciplinas conduce de forma indefectible a nuevos descubrimientos, y la visión general suele parecer más grande que la mera suma de sus partes.

De hecho, el juego combinatorio es más que la simple noción de que *jugar* transporta tu mente a otro mundo donde adopta una nueva perspectiva. Dicho concepto reconoce, tal como lo hizo Einstein, que tomar conocimiento e información de distintas disciplinas y combinarlos en nuevos contextos es lo que suele fomentar la creatividad. Por lo tanto, como se mencionó anteriormente, Einstein percibió algo en el violín que le ayudó a pensar en la física desde una perspectiva completamente distinta.

La lección es que debemos dedicarnos a aquello que nos apasione sin limitarnos a disciplinas que resulten similares o estén relacionadas entre sí, creyendo que solo estas servirán a nuestros propósitos. *Siempre* existirán paralelismos entre disciplinas distintas, así que dedícate a encontrarlos. Es probable que más de lo mismo no funcione; una pizca de peculiaridad sí que podría.

El poder de lo posible

Einstein se hizo famoso por otra técnica de pensamiento, y es una que usamos casi todos los días en la vida cotidiana.

"¿Y si los humanos fuesen capaces de volar?"

"¿Y si las masas terrestres nunca se hubiesen separado en continentes y Pangea siguiese existiendo hasta el día de hoy?"

Estas son preguntas sobre situaciones hipotéticas que te impulsan a pensar desde otras perspectivas y te desafían a cuestionar tus premisas. Imaginar situaciones hipotéticas va más allá de las habilidades básicas del pensamiento que no exigen más que memorización, descripción de eventos o situaciones observables e incluso el análisis de hechos y eventos concretos. Debido a que las situaciones hipotéticas plantean interrogantes sobre lo que no es, lo que no ha ocurrido, o lo que es poco probable que ocurra, expanden la imaginación de formas nuevas y perfeccionan el pensamiento creativo y la inteligencia práctica. Permiten que la persona pruebe distintas perspectivas como si de lentes se tratasen, y que de pronto sea capaz de ver lo que antes le resultaba invisible.

Por ejemplo, es probable que nunca hayas considerado las implicaciones del vuelo humano porque este es imposible, así que existe un universo de ideas aún por explorar. ¿Cómo funcionarían los semáforos, qué clase de proceso de autorización se exigiría, seguiríamos teniendo autos y aviones, y cómo serían las medidas de seguridad? Ahora bien, ¿cómo aplicarían dichas reglas y leyes a las situaciones normales de tráfico en la actualidad? Piensa detenidamente en cómo encajaría todo (¡no es nada sencillo!).

Einstein en particular era conocido por explorar situaciones hipotéticas llevadas al extremo. Las llamaba *Gedankenexperiments*, palabra alemana para "experimentos mentales".

Un experimento mental, en un contexto más general, consiste básicamente en desarrollar un escenario hipotético hasta el final. Es actuar como si una teoría o hipótesis fuese cierta, profundizando en las ramificaciones y en ver lo que ocurre con el escenario hipotético tras ser sometido a un fuerte escrutinio. Un experimento mental te permite analizar premisas interesantes que nunca podrías manifestar en la realidad, y dar nuevos pasos en el ámbito de la lógica y el descubrimiento porque te brinda la oportunidad de considerar condiciones que el conocimiento actual aún no abarca.

Supongamos que la situación problemática consiste en salir de una habitación. Las formas convencionales de hacerlo son salir por la puerta o saltar por la ventana. Sin embargo, ¿qué tal si la puerta está bloqueada por un voraz incendio y la habitación está en el décimo piso de un edificio? Dichas condiciones hacen que las soluciones convencionales tengan un resultado fatal. Las únicas formas de salir de la habitación son buscar una forma de extinguir el incendio o sobrevivir a la caída desde varios cientos de metros. Algún elemento asociado a dicho escenario debe modificar su uso o definición de forma drástica, o el escenario llegará a un desenlace fatal. En esto consiste básicamente el experimento mental. *Supongamos que ocurre esto. ¿Qué ocurre luego? ¿Y luego? ¿Y luego?*

Los experimentos mentales eran unos de los superpoderes de Einstein. Era capaz de imaginar un escenario, desarrollarlo de forma mental con increíble detalle y precisión, y posteriormente extraer las sutiles conclusiones implícitas.

Uno de los *Gedankenexperiments* más famosos de Einstein comienza con una premisa sencilla: ¿qué ocurriría si persiguieses y eventualmente alcanzases un rayo de luz a través del espacio? En teoría, en cuanto alcanzases el rayo de luz, este parecería estar congelado a tu lado, pues te estarías moviendo a la misma velocidad. Lo mismo que ocurriría si caminases a la misma velocidad de un auto que se mueve a tu lado, no hay aceleración (las velocidades relativas son la misma), así que el auto parecería estar atascado a tu lado.

El único problema es que esta era una proposición imposible a principios de siglo. Si alcanzases la luz y esta pareciese estar congelada a tu lado, entonces sería intrínsecamente imposible que fuese luz debido a la diferencia en velocidades. En ese momento deja de ser luz. Esto significa que una de las reglas de la física era violada o refutada por esta idea tan elemental.

Por lo tanto, una de las premisas que formaba las bases de la física en aquel entonces tenía que cambiar, y Einstein se dio cuenta de que la idea de que el tiempo era constante tenía que modificarse. Este descubrimiento sentó las bases de forma directa para la teoría de la relatividad. Mientras más te acercases a la velocidad de la luz, más distinto sería el tiempo para ti (en relación a un observador externo).

Este experimento mental permitió que Einstein cuestionase las supuestas reglas definitivas establecidas por las tres leyes de la energía y materia de Isaac Newton. Dicho experimento mental fue determinante para demostrar que las personas debían cuestionar los modelos antiguos y las "reglas" fundamentales en lugar de intentar ajustar sus teorías en torno a ellas.

El poder de lo extraordinario

Ahora retomemos las cualidades propias de un genio que mencionamos en el capítulo anterior y veamos con cuanta fidelidad las cumplía Einstein. Tal como apreciamos en los párrafos anteriores, muchos de los momentos *Eureka* de Einstein fueron gracias a su **polimatía**, o a la extrapolación de ideas de un área a la otra (en este caso de la música a la física). Probablemente resulte evidente que otra de las fortalezas de Einstein era la **curiosidad intelectual**, la sed de aprendizaje y el deseo insaciable de hacer más preguntas. Podemos identificar en Einstein mucho del aspecto infantil alegre y desinhibido que caracteriza a un genio, pues literalmente nombró una de sus técnicas como "juego".

Einstein nunca buscó premios, o consagrarse como el mejor físico de su generación. Ese nunca fue su objetivo. En lugar de ello, solo quería *entender*. Su pasión por adentrarse en la naturaleza más profunda de las cosas lo llevó a áreas de conocimiento inexploradas. Es fácil entender por qué rechazó la vida escolar más convencional y pedagógica de sus primeros años, y es fácil imaginar que el joven Einstein no se hubiese sentido muy inspirado por lecciones aburridas sobre elementos que ya se habían explorado y demostrado a cabalidad.

Es imposible imaginar que Einstein hubiese alcanzado sus grandes logros sin el gran sentido de curiosidad que lo impulsaba. Tampoco lo motivaba el orgullo o la fama, pues se le conocía por sus recurrentes enemistades y ofensas hacia otros científicos y colegas, y se decía que era muy difícil trabajar con él. Einstein no era más que un alma curiosa, y fue esa actitud inquisitiva la que parece haber sentado las bases de su vida.

En el caso de Einstein, podemos observar que la curiosidad suele venir acompañada de **un carácter anticonvencional**. Fue un "desertor" que inventó una excusa médica para no completar el servicio militar, y no le molestaba faltar a clases o desacatar en general las normas de la escuela. Parecía tener poco respeto por las jerarquías preestablecidas, y prefería confiar en su propia opinión sobre lo que era importante y valía la pena. Además, dicha cualidad también es uno de los elementos fundamentales de su éxito. ¿Te imaginas a algún científico siendo reconocido por un trabajo que rompe paradigmas *sin* haber roto primero las reglas de la época?

Hoy en día, conocemos y adoramos a Einstein como un pensador independiente y de inteligencia extraordinaria que generó un enorme progreso en la actividad científica del hombre. Sin embargo, tenemos que recordar que Einstein era un simple mortal, quien en cierto punto de su vida no tenía más que una visión un tanto vaga, y que se dedicó a sus proyectos sin tener la certeza de hacia dónde lo llevarían. ¿La única cosa que puede motivar a un hombre a perseverar en semejante empresa? La curiosidad interminable. Podemos imaginar que Einstein se habría sentido realizado incluso de no haber recibido reconocimiento alguno y si hubiese muerto en el anonimato.

Moralejas

- **Las cualidades geniales de Einstein incluían curiosidad, tener una amplia gama de intereses (es decir, ser polímata), y su rechazo a doblegarse ante las convenciones.**

- Hoy en día, Einstein es conocido como uno de los científicos intelectuales más influyentes del siglo 20, y era considerado por muchos como un genio tanto en el ámbito de las matemáticas como de la física. Ganó el Premio Nobel por su trabajo sobre el efecto fotoeléctrico, pero en la actualidad es más conocido por su revolucionaria teoría sobre la relatividad y su famosa ecuación $E=mc^2$.

- Einstein acuñó un término propio para denominar al tipo de conexiones osadas y espontáneas que establecía entre distintos temas e ideas: juego combinatorio. Al combinar dos ideas independientes para crear algo nuevo, Einstein solía resolver problemas, proponer ideas creativas e innovadoras o abrir un horizonte de ideas por explorar.

- El juego de las situaciones hipotéticas es otra forma de ejercitar el músculo de la curiosidad y brindar frescura e innovación al pensamiento convencional. Al desarrollar situaciones hipotéticas y experimentos mentales, Einstein satisfacía su sed de aprendizaje y comprensión, y tenía acceso a nueva información que se salía de las convenciones de la época.

- Einstein era polímata y tenía una amplia gama de intereses, en lugar de un punto de interés limitado. Tocaba el violín y el piano, y tuvo algunas de sus ideas más brillantes mientras tocaba. Ser de mente abierta y contar con una diversidad de intereses promueve la agilidad intelectual y las perspectivas flexibles y de amplio espectro.

- Einstein también era una persona poco convencional y que trabajaba de forma independiente, a pesar de las normas establecidas que lo rodearon durante las primeras etapas de su vida. Esto le permitió adoptar ideas genuinamente independientes y aportar algo completamente distinto al campo de la física.

- En el caso de Einstein, podemos notar que la no linealidad del pensamiento, la curiosidad insaciable y la amplia gama de intereses que lo caracterizaban no solo eran provechosas para su éxito, sino esenciales. Podemos seguir su ejemplo al desarrollar juegos interdisciplinarios e imaginar situaciones hipotéticas en las áreas que nos apasionen.

- Aunque lo convencional podría ser útil de vez en cuando, ¡el mejor territorio a explorar es el desconocido!

- Para parecernos más a Einstein, podemos idear formas de eliminar los límites y distinciones artificiales en nuestra forma de pensar, y combinar conceptos e ideas con libertad (¿se te ocurre una forma de combinar dos de tus intereses para producir una tercera idea completamente nueva?).

Capítulo 3. Las preguntas interminables de Sócrates

Una de las formas más puras y obvias de poner en práctica la curiosidad es haciendo preguntas. Nada refleja de forma más clara la necesidad de entender, la mentalidad de aprendiz o la disposición de abrir la mente ante lo nuevo y desconocido. El método científico puede ser visto como una manera formal de hacer preguntas sobre el universo, y una forma de moldear nuestra investigación e interpretar las respuestas obtenidas. Sin embargo, las preguntas marcan el punto de partida (incluso si son preguntas sobre situaciones hipotéticas).

En lo que al arte de hacer preguntas se refiere, no existe mejor referente que

Sócrates, cuyo estilo de cuestionar su propio razonamiento, el razonamiento de los demás y la propia realidad ha llegado a denominarse como método socrático.

Las buenas preguntas nos permiten *triangular* la comprensión. Toma como ejemplo un libro de texto. Por fuerza, tiene un carácter general y resulta imposible que cubra todos los detalles asociados al tema. Si aceptamos todo lo que leemos, adoptamos una ruta en específico. Si hacemos preguntas, somos capaces de notar que la ruta en sí tiene curvas, bifurcaciones y que incluso podría carecer de precisión. Se generan distintas líneas de análisis, y nos percatamos de que existen varias rutas, cada una con su propia perspectiva. Las preguntas nos permiten tanto aclarar malentendidos como reforzar lo que ya sabemos. Al final, comprendemos el libro y la información que contiene de forma más detallada y precisa.

Por suerte para nosotros, los maestros han entendido la importancia de las preguntas literalmente desde hace miles de años. La estrategia más útil para hacer preguntas profundas viene del mismísimo Sócrates, el antiguo filósofo griego quizá más conocido por ser el maestro de Platón, al igual que por haber sido ejecutado por "corromper la mente de los jóvenes". Su método de enseñanza se basaba principalmente en diálogos y preguntas, adecuadamente denominado *método Socrático*.

El propio Sócrates jamás plasmó su sabiduría por escrito, pero podemos ver su filosofía expuesta en las obras de Platón y otros contemporáneos. En dichas obras y diálogos, Sócrates era descrito como alguien perspicaz, curioso y con un increíble dominio del lenguaje y el debate lógico. Sin embargo, fue una figura controversial de su época que ofendió a muchas personas, debido a que sus críticas a gran parte de la cultura y política ateniense de la época eran vistas como una blasfemia.

Durante su vida, Sócrates y su trabajo solían ser burlados y ridiculizados en textos y obras teatrales, y fue principalmente tras su muerte que sus seguidores intentaron preservar sus aportes en forma de diálogos escritos, los cuales consistían básicamente de conversaciones que estos habían mantenido con el filósofo.

Lamentablemente, debido a la antigüedad de la época en la que vivió Sócrates, los historiadores tienen poca información sobre su personalidad, más allá de las ideas que expresaba a sus contemporáneos y seguidores. Sin embargo, incluso con la poca información que tenemos, es posible identificar algunas de las cualidades propias de un genio que no han cambiado mucho en los miles de años que han transcurrido desde la era de Sócrates. En lo que respecta a cualidades como la curiosidad, paciencia y honestidad intelectual, sería toda una hazaña encontrar a un individuo que las demuestre mejor que Sócrates.

La naturaleza del método socrático

En resumen, el método socrático consiste en realizar pregunta tras pregunta en un intento de escudriñar una afirmación o aseveración para alcanzar un mayor nivel de comprensión. La persona que hace las preguntas podría parecer estar a la ofensiva, pero el propósito de sus preguntas es enriquecer a ambas partes y descubrir las premisas y motivaciones subyacentes de la afirmación o aseveración. Es a partir de dicho proceso que obtenemos la base para realizar un interrogatorio eficaz.

Imagina que haces un anuncio, y la única respuesta que obtienes es un petulante "Oh, ¿en serio? ¿Y entonces qué pasa con A y B?". Lamentablemente, el sabelotodo que realiza la pregunta tiene razón.

Las facultades de derecho norteamericanas son conocidas por aplicar el método socrático. Un profesor le hace una pregunta a un estudiante, y posteriormente el estudiante tendrá que defender su afirmación ante el interrogatorio del profesor respecto a los fundamentos de un caso o una ley. No es de naturaleza conflictiva, pero sí que obliga a las personas a explicar su lógica y razonamiento (y, por supuesto, es probable que se manifiesten las lagunas de conocimiento y las fallas en la lógica). Este proceso sirve al propósito de alcanzar una comprensión y discernimiento más profundo. Podría hacer que el interlocutor se ponga a la defensiva, aunque como tal no es un método de naturaleza ofensiva.

Ahora bien, ¿qué es exactamente el método socrático, aparte de una serie de preguntas complejas que incomodan al interlocutor? Cuando lo aplicas en ti mismo, te obligas a entender. Te sometes a una dura prueba que te hará cuestionar tanto tu lógica como a ti mismo. Te hará descartar tus ideas preconcebidas y analizar lo que podrías estar pasando por alto. Si eres interrogado sin piedad y tu argumento es desmontado por el cuestionamiento socrático, lo que obtendrás al final del proceso será una información asimilada y corroborada de manera cabal. Si existe alguna deficiencia en tu razonamiento o comprensión, esta será detectada, revisada y corregida mediante una refutación. De eso se trata el aprendizaje cabal.

Curiosidad aplicada

Como ejemplo básico, imagina que le estás diciendo a alguien que el cielo es azul.

Esto parece una afirmación incuestionable y una verdad irrefutable. Obviamente, el cielo es azul. Lo sabes desde niño. Sales de casa y lo observas todos los días. Puede que le hayas dicho a alguien que sus ojos son tan azules como el cielo. Sin embargo, recuerda que nuestro objetivo con las preguntas es obtener una explicación más profunda sobre el azul del cielo. Por lo tanto, imagina que alguien te pregunta *por qué* el cielo es azul.

Hay muchas formas de responder esta pregunta, pero optas por decir que sabes que el cielo es azul porque refleja el océano, y que el océano es azul, a pesar de que esto es incorrecto. El interrogador pregunta entonces cómo sabes que es un reflejo del océano.

¿Cómo responderías dicha pregunta?

Esta breve sesión de cuestionamiento socrático acaba de revelar que no tienes idea de por qué o cómo el cielo refleja (o no) el azul de los océanos del planeta. Intentaste explicar una premisa subyacente, y te llevaste una pequeña sorpresa al descubrir que la verdad te es esquiva.

Este es el profundo punto de partida del método socrático: asumimos no saber nada, y no damos nada por hecho. Dejamos la mente en blanco e intentamos limitarnos a observar, razonar desde cero y ver a qué conclusión llegamos, sin recurrir a conjeturas, suposiciones, negaciones o mentiras descaradas. En cierta forma, esta apertura mental es la base de la curiosidad genuina. ¿Has notado que los niños pequeños no paran de preguntar "¿por qué?" tras cada una de tus afirmaciones? No se basan en conclusiones preconcebidas como lo hacen los adultos, y su ignorancia es genuina. Todo es nuevo para ellos. Aunque podría resultar un poco irritante, esta actitud es una de las que tiene más probabilidades de alcanzar una percepción más auténtica y adoptar una postura más receptiva respecto a los nuevos descubrimientos. Resulta que genio no es aquél que tiene todas las respuestas, ¡sino todas las preguntas!

La curiosidad, en pocas palabras, es la base del método socrático. Si te realizas una serie de preguntas sencillas e inocentes y las respondes con honestidad, puedes aclarar lo que creías saber y determinar con exactitud lo que no sabes. Esto suele ser igual de importante que saber lo que *sí* sabes, pues revela tus desconocimientos y debilidades. Recuerda que el método fue usado como una técnica de enseñanza, así que está diseñado para brindar una comprensión más profunda y aclarar ambigüedades.

Existen seis tipos de preguntas socráticas, tal y como fueron descritas por R.W. Paul. Tras darle una ojeada a la lista, puede que entiendas la forma en que dichas preguntas pueden mejorar tu aprendizaje e impulsarte a corregir los déficits en tu conocimiento.

Los seis tipos de preguntas son:

1. Preguntas de aclaración: A ciencia cierta, ¿por qué es importante?
2. Comprobación de premisas: ¿Qué premisas ocultas podrían existir?
3. Comprobación de bases, lógica y evidencia: ¿Qué evidencia fidedigna existe?
4. Cuestionamiento de perspectivas y puntos de vista: ¿Qué otras perspectivas existen?
5. Comprobación de implicaciones y consecuencias: ¿Qué significa esto, qué importancia tiene, y cómo se conecta con el resto de la información?
6. Preguntas sobre la pregunta: ¿Qué importancia tiene esta pregunta?

Preguntas de aclaración: ¿Cuál es el verdadero significado de lo que se está diciendo? ¿Existe alguna motivación o importancia subyacente en la información? ¿Qué se espera lograr con ello? Supongamos que se repite la aseveración anterior, que el cielo es azul. He aquí una serie de ejemplos de cada categoría que podrías preguntar para aclarar y cuestionar las ideas de tu interlocutor.

- ¿Qué importancia tiene para ti que el cielo sea azul?
- ¿Qué importancia tiene este hecho para ti?
- ¿Cuál es el problema principal en esta discusión?
- ¿A qué te refieres exactamente con eso?
- ¿Qué tiene que ver eso con el resto de la discusión?
- ¿Por qué lo dices?

Comprobación de premisas: ¿En qué premisas se basan las afirmaciones, y están respaldadas a ciencia cierta por evidencia? ¿Cuáles son las opiniones y las creencias, y cuáles son los hechos basados en evidencia o demostrados de alguna otra forma? A menos que estés leyendo un artículo científico, siempre existen premisas inherentes que podrían (o no) ser precisas.

- ¿Nos referimos al mismo tipo de azul?
- ¿Por qué crees que el cielo es azul?
- ¿Cómo puedes demostrarlo o verificarlo?
- ¿A qué se debe tu afirmación?
- ¿Qué te hace pensar que el cielo es azul?

- ¿Cómo puedes demostrar que el cielo es azul?

Comprobación de bases, lógica y evidencia: ¿Cómo sabes que la evidencia es válida y confiable? ¿Cuáles son las conclusiones que se han sacado, y cuáles son las bases, lógica y evidencia específica que se emplea para sacar dichas conclusiones? ¿Qué podría estarse pasando por alto?

- ¿Cuál es la evidencia que demuestra el color del cielo, y por qué resulta convincente?
- ¿Cómo es que el reflejo del océano determina el color del cielo?
- ¿Cómo lo ejemplificarías?
- ¿Por qué crees que tu afirmación es cierta?
- ¿Y si la información fuese incorrecta o deficiente?
- ¿Puedes explicarme el razonamiento?

Cuestionamiento de perspectivas y puntos de vista: Generalmente, las personas presentarán una aseveración o argumento con base en una idea preconcebida, así que asume el papel de abogado del diablo y maneja sus opiniones con escepticismo. Pregúntales por qué no optan por otras perspectivas o puntos de vista, y por qué estos no tienen sentido para ellos.

- ¿De qué otra forma podría interpretarse la evidencia?
- ¿Por qué es esa la mejor investigación para demostrar que el cielo es azul?
- ¿Podría decirse lo mismo sobre demostrar que el cielo es rojo? ¿Por qué o por qué no?
- ¿Cuáles son las posibles fallas de este argumento?
- ¿Cuál es el contraargumento?
- ¿Por qué el cielo no dictamina el color del océano en lugar de viceversa?

Comprobación de implicaciones y consecuencias: ¿Cuáles son las conclusiones y por qué? ¿Qué otra cosa podría significar, y por qué se sacó esa conclusión en específico? ¿Qué ocurrirá a consecuencia, y por qué?

- Si el cielo es azul, ¿qué nos dice eso sobre los reflejos?
- ¿Quién se ve afectado por el color del cielo?
- ¿Qué implica esta información, y cuáles son las consecuencias?
- ¿Qué implica este descubrimiento? ¿Qué otra cosa determina?
- ¿Cómo se conecta con el tema o explicación en general?
- Si el cielo es azul, ¿qué nos dice eso sobre el océano?
- ¿Qué otra cosa podría demostrar tu evidencia e investigación sobre el planeta?

Preguntas sobre la pregunta: Esto resulta menos efectivo cuando te haces la pregunta a ti mismo. Al dirigirla a alguien más, obligas a tu interlocutor a reflexionar sobre por qué hiciste la pregunta o por qué optaste por preguntas de esa índole, y lo impulsas a darse cuenta de que querías sugerir algo con dicha pregunta. ¿Qué implicaste con tus palabras, y por qué preguntaste sobre X en lugar de Y?

- ¿Por qué crees que te pedí tu opinión respecto al color del cielo?
- ¿Cuál crees que era mi intención al preguntarte al respecto?
- ¿Cómo crees que este conocimiento podría ayudarte en otros temas?
- ¿Cómo aplica esto en la vida cotidiana y en lo que estábamos discutiendo anteriormente?

Puede que al principio parezca un disco rayado, pero hay un propósito dentro de la aparente irracionalidad. Cada pregunta podría parecer similar, pero si se responden de forma correcta y adecuada, toman direcciones distintas. En el ejemplo del cielo azul, hay más de veinte preguntas distintas; veinte respuestas y cuestionamientos distintos a la simple afirmación que hace un individuo sobre el azul del cielo. No es muy difícil imaginar que alguien podría descubrir su ignorancia mediante dicho método, y percatarse de que no puede hacer más que repetir como loro una serie limitada de premisas sin contexto o comprensión alguna.

El método socrático como técnica de pensamiento

Puedes aplicar el método socrático para asegurarte de estar entendiendo lo que crees estar entendiendo. Puedes verlo como el proceso sistemático de examinar y comprobar de forma minuciosa el propio conocimiento. El resultado siempre será positivo, pues confirmas tu dominio del tema o descubres lo que estás pasando por alto.

Supongamos que escuchas decir a un amigo que la inquisición española fue un proceso bastante compasivo de interrogación ligera, con una cantidad ínfima de azotes y mutilaciones (diversas fuentes estiman que el número de muertos, en promedio, fue de unas cien mil personas). En este caso, puedes usar las preguntas socráticas para corregir el error. Por si no lo recuerdas, estos son los seis tipos de preguntas:

1. Preguntas de aclaración: A ciencia cierta, ¿por qué es importante?
2. Comprobación de premisas: ¿Qué premisas ocultas podrían existir?
3. Comprobación de bases, lógica y evidencia: ¿Qué evidencia fidedigna existe?
4. Cuestionamiento de perspectivas y puntos de vista: ¿Qué otras perspectivas existen?
5. Comprobación de implicaciones y consecuencias: ¿Qué significa esto, qué importancia tiene, y cómo se conecta con el resto de la información?
6. Preguntas sobre la pregunta: ¿Qué importancia tiene esta pregunta?

Para comprobar la veracidad de dicha afirmación, podrías preguntar:

- ¿Qué se está diciendo con exactitud, y por qué es importante?
- ¿En qué se basa dicha afirmación?
- ¿Quién podría tener esta perspectiva, y por qué? ¿Cuál podría ser la perspectiva opuesta? ¿Y a qué se debe?

- ¿Qué implica esto para la historia española en general? ¿Están errados todos los libros de historia? ¿Qué otra cosa se vería afectada por este conocimiento?
- ¿Por qué crees que podría estar haciéndote estas preguntas?

¿Y qué tal si usamos las preguntas socráticas para lograr una comprensión más profunda de un tema, como la biología del cerebro? Las preguntas no cambian; las seis preguntas expuestas con anterioridad pueden emplearse de la misma forma para alcanzar una comprensión más profunda de un tema científico como las estructuras cerebrales. Aprenderás, identificarás errores y entenderás. ¿Acaso no es ese el objetivo?

Autocuestionándonos

El método socrático nos enseña el poder de las preguntas, y nos muestra que la indagación curiosa y abierta es la base de cualquier nuevo entendimiento o aprendizaje. Sin embargo, esto requiere de mucha más práctica de lo que podría parecer. En cierta forma, puede que en ocasiones sea más difícil librarnos de nuestras premisas falsas y creencias restrictivas que entender información nueva y verdadera desde cero.

Durante mucho tiempo, todos hemos tenido un conjunto de ideas preconcebidas, prejuicios, premisas y perspectivas personales que podrían o no ser correctas o útiles. Cuando hacemos preguntas honestas y directas (incluso y especialmente de aquellas cosas que damos por hecho), podemos comenzar a deshacernos de esos hábitos mentales arraigados y erróneos. Sin embargo, no llegaremos muy lejos si insistimos en mentirnos a nosotros mismos, negando hechos, o aferrándonos a ciertas ideas para proteger nuestro ego.

El método socrático, en otras palabras, se aplica de forma más eficaz con dosis saludables de humildad y honestidad intelectual. Una de las cualidades que quizá no resultaba tan evidente en Einstein, en el capítulo anterior, sí que se ve reflejada en el trabajo de Sócrates. Tener la humildad y capacidad de descartar una idea o creencia al ser refutada por evidencia, no es una simple cuestión de lógica y conciencia; se necesita ser maduro para admitir que estás equivocado o que no sabes algo. Se necesita un tipo concreto de honestidad interna para escudriñar nuestra forma de pensar y admitir que podría mejorarse, o que ciertas premisas podrían ser un poco deficientes o confusas.

En los diálogos de Sócrates, los participantes no mantienen una simple conversación; la implicación es que ambos participantes están realizando una noble labor: cooperando en busca de la verdad. No es cuestión de refutar al otro, de jactarse o de ganar la discusión; esta es una forma de pensar limitada y que está centrada en el ego, lo que no supondrá más que un obstáculo para alcanzar una comprensión auténtica del tema. En lugar de ello, Sócrates usaba sus clásicos momentos de "¡te pillé!" para demostrar, en tiempo real, la irracionalidad de cierta postura.

Sócrates era famoso por orientar a las personas a tomar cierto rumbo; los hacía aceptar una serie de afirmaciones y, posteriormente, les presentaba una conclusión que inmediatamente les demostraba el error de su idea preconcebida. Alternativamente, se "hacía el tonto" y actuaba como si no tuviese la más mínima idea del tema, de manera que pudiese, con ayuda de su interlocutor, juntar las ideas una por una. Sócrates sabía muy bien que este es el enfoque más eficaz para exponer cualquier prejuicio oculto o premisa incorrecta.

Moralejas

- **Las cualidades geniales de Sócrates incluían curiosidad, honestidad intelectual y pensamiento anticonvencional.**

- Aunque no se sabe mucho sobre la vida personal de Sócrates, sus estudiantes y seguidores escribieron diálogos y obras teatrales que contenían algunas de sus ideas principales, donde demostraba una gran capacidad de percepción y argumentación racional.

- Al igual que otras personas consideradas como grandes filósofos, Sócrates adoptaba la ignorancia total como punto de partida y liberaba su mente de manera que pudiese indagar de forma genuina en la naturaleza de las cosas. Su método socrático es un enfoque clásico que se encuentra basado en preguntas para obtener conocimiento y comprensión.
- Para aplicarlo en nuestra vida, podemos usar seis tipos de preguntas para llegar al meollo del asunto.
- Podemos realizar preguntas de aclaración; preguntas para comprobar premisas, bases, lógica y evidencia; cuestionar perspectivas y puntos de vista; considerar implicaciones y consecuencias; y hacer preguntas sobre la naturaleza de la propia pregunta.
- Nuestro objetivo es descubrir por qué ciertas ideas son importantes, identificar las conjeturas ocultas o inconscientes que puedan existir en nuestro argumento, analizar la evidencia de forma más racional y profunda, considerar y sopesar las posibles

perspectivas que no hemos tomado en cuenta, pensar en la implicación de la respuesta que estamos buscando y cómo se relaciona con el resto de información que poseemos, y examinar la forma en que formulamos nuestra pregunta y por qué lo hacemos de dicha manera.

- El método socrático puede ser empleado para indagar a mayor profundidad en nuestras propias creencias, pero también puede ayudarnos a debatir de forma más efectiva con los demás. Podemos usar los aspectos fundamentales del diálogo socrático para estructurar argumentos más lógicos o diseñar experimentos que sigan el método científico, es decir, realizar una hipótesis (una pregunta) y contrastarla con evidencia y observación para llegar a una conclusión minuciosa.
- Para parecernos más a Sócrates, podemos adoptar el hábito de hacernos preguntas de rutina sobre nuestras creencias y premisas más arraigadas, sin dar nada por sentado. Sé como un niño que no para de preguntar: "¿Por qué?"

Capítulo 4. La regla de oro de Darwin

Charles Darwin, el naturalista cuyas teorías sobre la evolución y el desarrollo de las especies marcaron un hito en el ámbito de la investigación científica, al parecer no era ningún genio. No era particularmente diestro para las matemáticas. No tenía la agilidad mental que suele atribuírsele a un genio. Charlie Munger llegó a decir que, en su opinión, si Darwin hubiese asistido a Harvard en 1986, probablemente se hubiese graduado con calificaciones promedio. El biólogo E.O. Wilson estimó que el coeficiente intelectual de Darwin debió haber rondado los 130; una cifra alta, pero no del nivel (140) en el que se comienza a usar la palabra "genio".

Sin embargo, Darwin era incansable respecto al aprendizaje. Consumía grandes cantidades de información sobre todos los temas que le interesaba aprender. Recolectaba datos y se mostraba muy diligente en cuanto a la toma de notas. Su capacidad de prestar atención era legendaria, y en cuanto a la realización de pruebas, su ética laboral era infatigable. El razonamiento de Darwin era deliberadamente pausado, pues prestaba una meticulosa atención a los detalles. Sostenía que para convertirse en la autoridad de cualquier materia, había que dominarla a fondo, y el dominio no ocurre de la noche a la mañana (ni en cuestión de un mes o un año). El punto es que Darwin es considerado como uno de los mejores ejemplos de la importancia del esfuerzo y diligencia para superar la inteligencia natural.

El inusual talento de Darwin

El método de Darwin era tan integral que incluso le prestaba mucha atención a la información que contradecía o refutaba sus propias teorías. Este enfoque es la columna vertebral de su *regla de oro*, tal como lo expresó en su autobiografía. La pauta básica de la regla de oro de Darwin era estar más que dispuesto a tomar en cuenta las ideas contradictorias o antagónicas; de hecho, Darwin les prestaba toda su atención:

"Durante muchos años, también seguí una regla de oro que consistía en que cada vez que me topaba con una publicación, observación o idea que contradecía mis resultados en general, lo anotaba de inmediato y sin falta; pues mi propia experiencia me había enseñado que es más probable olvidar este tipo de ideas e información que los datos que nos resultan favorables".

Darwin se empapó en evidencia o explicaciones que contradecían sus hallazgos, pues estaba consciente de que la mente humana tiende a descartar dichas opiniones antagónicas. Si no las investigaba a fondo, lo más probable es que las olvidase, y eso generaba deshonestidad mental. Darwin sabía que su propio razonamiento instintivo podría suponer tanto un obstáculo como una ventaja para descubrir la verdad, y estableció una forma de asegurarse de no omitir información alguna.

Darwin manejó toda esta información incompatible de forma responsable. Tomó muy en cuenta el material que pudo haber refutado sus afirmaciones e hizo un esfuerzo para abarcar todos y cada uno de los escenarios, anomalías y excepciones en sus teorías. No descartó la información que refutaba sus ideas; tenía inmunidad total al sesgo de confirmación. Más que nada, Darwin quería evitar ser negligente en cuanto a la búsqueda de la verdad; sabía que una afirmación incompleta, cuyo único propósito era persuadir a los demás sin haberla sometido antes a una reflexión profunda, era una acción deshonesta desde el punto de vista intelectual. Su meticuloso método requería más tiempo y esfuerzo de su parte, pero él estaba comprometido a la causa.

Por supuesto, la regla de oro darwiniana hace un llamado a la honestidad intelectual y a tener una opinión firme, pero manteniendo la mente abierta. Supone *humildad* intelectual, o evitar enfrascarse en una postura o teoría, y limitarse a seguir la evidencia.

A diferencia de otras personas, Darwin miraba con escepticismo sus propias teorías, en lugar de cuestionar las demás. Se realizaba preguntas introspectivas, tales como: *¿Qué es lo que sabes? ¿Estás seguro? ¿Por qué estás tan seguro? ¿Cómo puede demostrarse? ¿Qué errores pudiste haber cometido? ¿De dónde viene la opinión contradictoria y por qué?* Como podrás imaginar, se requiere mucha disciplina para someter nuestras ideas a un escrutinio constante.

Darwin concluyó de forma muy acertada que si estás convencido de que *el resto del mundo* está equivocado, estás en problemas.

Lo que Darwin pareció comprender es que las mayores amenazas a nuestra rigurosidad intelectual y cognitiva suelen ser inconscientes, personales y psicológicas, y no guardan relación alguna con la veracidad de nuestros argumentos o la calidad de nuestro razonamiento. De hecho, es probable que hayas conocido a alguien que use términos neutrales para encubrir sus prejuicios inconscientes, ideas preconcebidas y deseos personales precisamente para ocultar los verdaderos motivos subyacentes a su conducta. Este tipo de persona afirma: "Son los demás quienes tienen emociones y creencias irracionales, yo *solo* creo en hechos objetivos".

La verdad > tener la razón

Pon en práctica este ejercicio: piensa en algo de cuya veracidad estés completamente convencido (tómate tu tiempo, pues es posible que tu creencia más arraigada sea la que más invisible resulte). Ahora, imagina que no eres tú mismo, sino una persona con una opinión totalmente opuesta a la tuya.

Asume dicho papel por un momento, y *esfuérzate* en adoptar el punto de vista de la otra persona. Imagina, si así lo prefieres, que estás en un debate agitado contigo mismo, ocupando los zapatos de alguien más. Intenta meterte de lleno en la perspectiva de tu adversario. ¿Qué otras prioridades tiene esta persona? ¿Cuál es su forma de ver el mundo? ¿En qué podría tener razón? A medida que se desarrolla el debate contigo mismo, no te preocupes por decidir quién tiene la razón. Limítate a observar las historias y narrativas que tu cerebro incluye en el diálogo.

La ciberactivista Eli Pariser se percató de la forma en que los algoritmos de búsqueda por internet fomentan la tendencia del ser humano a aferrarse a todo aquello que confirme sus creencias preestablecidas, mientras se omite o ignora la información que no coincida con dichas creencias. Creamos un "filtro burbuja" a nuestro alrededor, donde nos mantenemos expuestos única y constantemente a la información con la que estamos de acuerdo. Nunca somos cuestionados, ni tenemos la oportunidad de reconocer la existencia de diferencias y diversidades. En el mejor de los casos, nos volvemos ingenuos y vivimos apartados del mundo real; en el peor, nos volvemos personas radicales con perspectivas cada vez más extremas, incapaces de imaginar una vida fuera de nuestra burbuja particular.

Los resultados son nefastos: una degradación total del discurso cívico, aislamiento intelectual, narcisismo, egocentrismo y la ausencia de empatía en la vida cotidiana, al igual que la distorsión que se produce al creer que el pequeño mundo personal que diseñamos es *el* mundo. Cuando dos personas de burbujas incompatibles se encuentran, el efecto puede ser explosivo.

Ya hemos comprobado que para los genios, lo amplio siempre es mejor que lo reducido, y este caso no es la excepción a la regla. Debemos estar atentos a cualquier signo de obstinación o cerrazón de nuestra parte, o a cualquier creencia reducida o indiscutida que nos impida obtener una visión más amplia, profunda y detallada del vasto mundo que nos rodea.

Podemos notar que esta capacidad de procurar entender la "perspectiva opuesta" fue fundamental para el éxito de Darwin. Al igual que Einstein y Sócrates, Darwin era una persona anticonvencional, pero solo en el sentido de que estaba dispuesto a ajustar su perspectiva si era necesario, y nunca descartaba una línea de análisis (¡una actitud que resulta muy poco común!). Hoy en día, a Darwin se le atribuye la creación de una teoría revolucionaria que marcó un antes y un después en la forma en que los naturalistas veían el mundo y el lugar que ocupaban en él. Cuestionó muchas de las posturas religiosas y morales predominantes de la época, y hay evidencia que sugiere que lo hizo incluso cuando sus hallazgos contradecían sus propias premisas. Es difícil imaginar que Darwin pudiese lograr tal hazaña sin tener un profundo respeto por la verdad, y una fortaleza intelectual que superase los prejuicios personales.

En aquel entonces, las implicaciones de las teorías de Darwin sobre la selección natural hicieron que sus contemporáneos pusiesen el grito en el cielo, y fue ridiculizado por sugerir una perspectiva del mundo que contradecía el marco religioso dominante. Aunque hoy en día la teoría de la evolución es algo común y corriente, intenta imaginar las implicaciones que tuvo en la época de Darwin, cuando la idea de que el hombre descendiese de ancestros que no eran, de hecho, humanos, era tan descabellada como sugerir que venían de la luna.

Darwin fue burlado y ridiculizado por muchas personas durante su vida, pero esto no redujo su entusiasmo por continuar una investigación que él consideraba importante. Aunque la mayoría de científicos victorianos de la época cedían ante la opinión pública y el sentimiento religioso, tratando de evitar las críticas o el escándalo, a Darwin no le importaba ir en contra la corriente. Su "regla de oro" nos muestra la alta estima que debió tenerle a la investigación intelectual pura, sin importar a dónde dirigiese o lo poco populares que fuesen los resultados. ¿Podríamos decir lo mismo de nosotros? ¿Estamos dispuestos a arriesgarnos a seguir una línea de investigación poco popular, o dejar a un lado la opinión de los demás para sacar nuestras propias conclusiones? Es más fácil decirlo que hacerlo.

Constancia > genialidad

Sin embargo, la honestidad intelectual no era el único fuerte de Darwin. También era un hombre increíblemente paciente. Aunque Darwin no era considerado particularmente brillante desde el punto de vista intelectual, esto no importaba, pues contaba con muchas de las cualidades que resultan cruciales para el éxito de un genio y que ya hemos identificado en capítulos anteriores. Darwin era intelectualmente honesto, humilde, metódico, disciplinado y un trabajador increíblemente dedicado. Aunque debió sentir mucha curiosidad por el tema al que se dedicó, y está claro que era polímata como muchas de las demás figuras que estudiaremos en el presente libro, el ejemplo de Darwin nos demuestra que la vida de un genio no necesariamente depende de la genialidad en sí misma, sino de la constancia.

Darwin no completó sus numerosas obras importantes de la noche a la mañana. Lo suyo fue un *trabajo de una vida*, y le tomó muchos, muchos años de esfuerzo diligente y dedicado. Al igual que Sócrates, se rehusaba a permitir que los prejuicios e ideas preconcebidas desviasen o contaminasen su trabajo, así que redobló los esfuerzos para erradicar los errores en su razonamiento. Además, al igual que Sócrates, entendió que el proceso para el desarrollo del conocimiento requiere tiempo. Si vamos a desarrollar ideas sólidas y trascendentales, generalmente tenemos que hacerlo por etapas, realizando numerosas correcciones en el proceso, y con la mayor perseverancia posible.

Moralejas

- **Las cualidades geniales de Darwin incluían esfuerzo y disciplina, honestidad intelectual y pensamiento anticonvencional.**

- Darwin fue un naturalista prolífico cuyo trabajo sobre la selección natural, el origen de las especies y la evolución marcó un hito en el ámbito científico, y sentó las bases para nuestro paradigma biológico actual.

- Se decía que Darwin era una persona metódica, lenta y extremadamente paciente que se dedicó con diligencia a sus proyectos durante toda su vida. Podemos notar el esfuerzo, disciplina, constancia y resiliencia en sus aportes a la ciencia. Aunque no era considerado como un genio por la opinión pública, aun así logró alcanzar un enorme éxito que cambió el mundo para siempre.

- Darwin demostró estar comprometido con la honestidad intelectual, curiosidad y humildad al aplicar lo que él denominaba "la regla de oro". Prestaba mucha atención al material que refutaba sus creencias, premisas y expectativas más arraigadas, sabiendo que la tendencia innata sería ignorar este tipo de información.

- Al igual que Darwin, al considerar opiniones alternativas e involucrarnos abiertamente con aquellos que difieran de nuestras ideas, reducimos la influencia de los prejuicios en el proceso de aprendizaje y obtenemos una comprensión más cabal.

- Los increíbles logros de Darwin no hubiesen sido posibles de no haber estado dispuesto a pensar de forma creativa, así como a albergar ideas que resultaban poco convencionales para la época.

- Darwin nos enseña a ser intelectualmente honestos, y a seguir la evidencia, la lógica y los hechos sin importar a donde nos lleven, incluso si tenemos que descartar nuestras viejas creencias, admitir que estamos equivocados o sacar conclusiones que podrían convertirnos en el blanco de las críticas.

- Para seguir el ejemplo de Darwin, podemos redoblar esfuerzos para salir de nuestro propio "filtro burbuja" y buscar información de forma deliberada que contradiga nuestras creencias más arraigadas. Cambia tu buscador o involúcrate con personas que generalmente evitarías. Desarrolla el hábito de preguntarte: "¿Qué estoy pasando por alto?"

Capítulo 5. René Descartes y el comenzar "de cero"

El francés René Descartes es considerado comúnmente como el fundador de la filosofía occidental moderna. Es un título ostentoso, pero la magnitud de sus obras lo justifica. Generalmente, los intelectuales y filósofos en la Europa occidental de la época (1596-1650) no tardaban en reaccionar a sus numerosas ideas, y dicha actividad intelectual constituyó la columna vertebral del período de la Ilustración de la humanidad.

¿Cuál fue el principal aporte de Descartes, a los efectos del presente libro (es decir, en el contexto de aprender a pensar como un genio)? La duda pertinaz y el acatamiento de una sencilla orden: dedicarse a la búsqueda de la verdad. Oh, y el no creer ciegamente en los intelectuales que le precedieron.

Para Descartes, solo porque se dijese que algo era verdad no significaba que lo fuese, pues él no podía observarlo o justificarlo por sí mismo. Ya puedes imaginarte por qué sus ideas causaban una reacción inmediata en los demás filósofos: porque suponían un cambio radical en ideas que habían estado arraigadas literalmente desde hace siglos.

Y así, con el tiempo, Descartes se hizo famoso por su postura respecto a la duda y por no creer ciegamente en dogmatismos. Era necesario un examen y análisis riguroso: solo entonces se podría estar seguro de estar fundamentando el conocimiento sobre una base sólida.

Las siguientes palabras han llegado a ser empleadas para describir el enfoque que Descartes aplicaba al pensamiento: duda, escepticismo, desconfianza y racionalismo. Su único deseo era descubrir y entender.

Podrías interpretar este enfoque como la acción de desconfiar de los demás, pero más bien era la forma que tenía Descartes de obtener *certeza*. Si no tenemos certeza de lo que decimos mediante pruebas y experiencia, entonces no puede aceptarse como verdad. Y la verdad era lo único que le interesaba a Descartes.

Comenzar de cero

Descartes sugiere que es inútil afirmar que algo es cierto o que existe a menos que podamos justificar la veracidad de dicha afirmación. Sin embargo, para decir que una idea está justificada, debemos ser capaces de sustentarla con un argumento irrefutable. Este argumento podría entonces brindarnos una base sólida sobre la que podrían fundamentarse las ideas subsiguientes y, por lo tanto, podrían considerarse como ciertas. Sin embargo, ¿cómo podríamos determinar si dichas ideas tienen algún fundamento y son verídicas? Esto parece que podría terminar convirtiéndose en un bucle mental, pero estas ideas principales deberían fundamentarse en elementos demostrables u observables. Básicamente, Descartes sugiere preguntar "Pero ¿cómo lo sabes?"

de forma sucesiva hasta que se logre identificar una experiencia directa o evidencia real.

¿Se te ocurre alguna institución de envergadura con la que este enfoque podría entrar en conflicto, sobre todo cuando la Inquisición española había quemado personas acusadas de herejía apenas un siglo atrás? Así es: la religión, la cual suele estar basada en la fe y en la precisa ausencia de pruebas.

Aunque Descartes fue un católico devoto durante toda su vida, ya te imaginarás lo controversiales que fueron sus obras para la época. Como referencia, podemos citar el famoso caso de su contemporáneo Galileo Galilei, quien fue declarado culpable de herejía por la iglesia católica por afirmar que la tierra giraba alrededor del sol (en 1633).

Irónicamente, el método de la duda de Descartes tenía como objetivo defender la fe católica, usando el razonamiento y la lógica para confirmar la verdad de la religión. Sin embargo, la Ilustración supuso el deterioro de la influencia y autoridad de la iglesia, así que quizás a Descartes le salió el tiro por la culata.

Esto nos lleva a donde Descartes puede contribuir a nuestro objetivo de adoptar las cualidades de un genio. El filósofo combina elementos del pensamiento crítico, escepticismo sano e incertidumbre para garantizar que apreciemos la realidad tal y como es. Descartes puede ayudarnos a encontrar la verdad en la vida cotidiana con el simple hecho de cambiar nuestra perspectiva a una que albergue una cantidad mínima de duda. Esto no quiere decir que debas desconfiar, sino que reservarte tu opinión al principio es un arma poderosa para encontrar la felicidad y tomar decisiones que te hagan sentir realizado.

Es una filosofía de vida basada en la cautela, en mirar antes de cruzar, y en tomar decisiones moderadas. Otros podrían tener la filosofía de "jamás decir que no" o *carpe diem* ("no dejes para mañana lo que puedes hacer hoy"); ese es otro asunto. También puedes aplicar dichas perspectivas, pero primero debes determinar cuál es la verdad del asunto.

Descartes publicó su debate principal sobre la búsqueda de la verdad absoluta en 1641: *Meditaciones metafísicas*.

En dicha obra, Descartes expone la forma en que somos capaces de contrastar nuestras creencias con la realidad mediante lo que es, básicamente, la primera versión del método científico. Consiste en seis meditaciones (solo nos concentraremos en las primeras tres) sobre el método adecuado de reflexión filosófica, búsqueda de pruebas y las conclusiones que pueden obtenerse. A través de la obra, Descartes insiste que (1) solo podemos afirmar que conocemos aquello que podemos justificar y (2) debemos juzgar nuestras ideas usando un método que garantice su veracidad y justificación.

A continuación, una especie de índice para *Meditaciones metafísicas*:

- Meditación 1: Usa el método de la duda para librarte de cualquier creencia que podría ser falsa.
- Meditación 2: Determina cuáles son las creencias que no podrían ser falsas y, por consiguiente, deben ser verdaderas.
- Meditación 3: Elabora criterios para definir el conocimiento real.
- Meditación 4: Demuestra que la mente es distinta al cuerpo.
- Meditación 5: Demuestra la existencia de Dios.
- Meditación 6: Demuestra la existencia del mundo físico y exterior.

Solo abarcaremos las primeras tres meditaciones; por los títulos, probablemente sea evidente el por qué. Son las meditaciones que guardan una relación más directa con la búsqueda de la verdad y el adoptar un estilo de vida basado en el pensamiento crítico. Las primeras tres meditaciones trabajan en secuencia mediante una especie de proceso de descarte. Primero, descartas las falacias. Segundo, revisas lo que quedó. Tercero, emites una opinión con base en los hallazgos. Es una forma metódica de razonamiento que, si se aplica de forma correcta, te permite entender el mundo de forma más precisa.

Repasaremos cada una de estas tres meditaciones de la forma más detallada posible.

Meditación 1

En su primera *Meditación,* Descartes se concentra en distinguir entre lo que es verdadero y lo que es falso.

Para complicar las cosas, el hecho de haber experimentado algo no quiere decir que sea cierto. Esto se debe a nuestros sentidos, prejuicios, percepciones e ideas preconcebidas. Todos tenemos nuestra propia versión de la verdad, pero esa no es *la* verdad. Para determinar si lo que creemos saber es la verdad, Descartes sugiere adoptar un método a prueba de errores que consiste en realizar un análisis retrospectivo de lo que sabemos hasta llegar a una base de creencias irrefutables. Es necesario cuestionar todo lo que siempre hemos dado por hecho y dudar de todo lo que sabemos.

Un giro tan radical podría parecer irracional, y definitivamente Descartes no quiere decir que deberíamos dudar de cada aspecto de nuestra vida, como nuestro nombre o nuestra ascendencia. Simplemente sugiere que deberíamos fingir temporalmente que todo lo que sabemos es cuestionable.

Esto se llama *duda hipotética*, y deberíamos aplicar dicha duda respecto a (1) las percepciones que nuestros sentidos le otorgan a nuestras experiencias y (2) nuestra capacidad de razonamiento. En palabras de Descartes:

> *Sin embargo, del mismo modo que la razón ya me persuade de que debo impedirme dar crédito a las cosas que no son enteramente ciertas e indudables, con el mismo empeño que pondría ante aquellas que me parecen manifiestamente falsas; el menor motivo para dudar que encontrara en ellas serviría para hacérmelas*

rechazar todas. Y por eso no es necesario que las examine una a una, lo que sería una labor interminable; sino que, ya que la ruina de los cimientos implica por fuerza la de todo el edificio, me concentraré primero en los principios sobre los que todas mis antiguas opiniones se habían fundado.

¿Traducción?

Descartes era el detractor y opositor definitivo. Por lo tanto, tomó la decisión de que no creería en nada que tuviese el más mínimo fragmento de duda. Lógicamente, esto nos conduciría a un conocimiento y una verdad absolutos. En un sentido práctico, esto sería cuando menos problemático, pero era la esencia del famoso método de Descartes.

Descartes reconoció lo poco práctico que era descartar todo el conocimiento que le habían impartido y que incluso había observado él mismo (el cielo es azul, ¿no?), así que creó amplias categorías de creencias.

La primera categoría consistía de creencias que había aprendido a través de sus propios sentidos. Sorprendentemente, consideraba que los sentidos no proporcionaban una verdad absoluta. Puedes ver que el cielo es azul; todos pueden ver lo mismo, ¿cierto? No exactamente.

> *Todo lo que hasta el presente he tenido como lo más verdadero y seguro lo he aprendido de los sentidos o a través de ellos: sin embargo, en ocasiones he experimentado que dichos sentidos son engañosos, y es prudente no fiarse del todo de quienes nos han engañado una vez... recuerdo haber sido a menudo engañado, mientras dormía, por semejantes ilusiones, y dilatándome en este pensamiento, me resulta evidente que no hay indicios concluyentes por los que se pueda distinguir claramente la vigilia del sueño, que me quedo totalmente asombrado.*

No sabemos si lo que experimentamos a través de nuestros sentidos es verdad; al menos, no estamos seguros de ello. Además, no podemos diferenciar cuando nuestros sentidos están reflejando la realidad de las cosas y cuando no. Por lo tanto, lo mejor que podemos hacer es dudar sobre si el conocimiento puede fundamentarse en nuestras experiencias sensoriales. Descartes no confiaba en sus sentidos, y el mejor ejemplo de esto es su análisis de los sueños.

En pocas palabras, los sueños causan cierto tipo de experiencia, pero aun así no representan la realidad. Sin embargo, suele ser imposible distinguir entre las experiencias oníricas y las experiencias de la vida real cuando estamos despiertos. Por lo tanto, la experiencia no es una fuente confiable de verdad y conocimiento.

Descartes no quiere decir que todo lo que experimentamos es un sueño, ni tampoco que es imposible distinguir cuando se está dormido y cuando se está despierto. La lección es que no podemos estar seguros de que lo que experimentamos como la realidad en el mundo es, de hecho, real.

Recuerda que la segunda parte del método de la duda de Descartes involucraba la razón. Esto quiere decir que no siempre podemos confiar en nuestra capacidad de razonamiento; esto es obvio, pues estamos sujetos en todo momento a prejuicios cognitivos, perspectivas distorsionadas y errores básicos. Esto es lo que suele denominarse como el problema del *demonio*, mientras que el anterior era el problema del *sueño*.

Supondré, pues, que no es Dios, quien representa la bondad absoluta y la soberana fuente de verdad, sino un cierto genio malvado, no menos engañoso que poderoso, que ha empleado toda su industria en engañarme; pensaré que el cielo, el aire, la tierra, los colores, las figuras, los sonidos y todas las cosas exteriores no son más que sueños e ilusiones, de los que el genio se sirve para tenderle una trampa a mi credulidad; me consideraré a mí mismo como carente de manos, de ojos, de carne, de sangre, como carente de sentidos, pero creyendo falsamente tener todas estas cosas; permaneceré obstinadamente ligado a este pensamiento, y si, de este modo, no está en mi poder alcanzar el conocimiento de verdad alguna, al menos haré lo que esté a mi alcance y evitaré cuidadosamente darle crédito a cualquier falacia, o permitir que me sean impuestas por este maestro del engaño, por poderoso y astuto que sea.

¿Traducción? No podemos tener certeza de que nuestra capacidad de razonamiento es confiable, honesta, fidedigna o correcta. Descartes propone un argumento para demostrar su afirmación, al igual que en el problema anterior. Si pensamos en un problema básico de suma como 2+3=5, existen dos posibilidades sobre el método empleado para dar con la respuesta. La primera posibilidad es que nuestra capacidad de razonamiento es, de hecho, confiable y fidedigna, y que por lo tanto estamos calculando de forma correcta.

La segunda posibilidad es que un demonio malvado del inframundo está manipulando nuestro cerebro, y que el único motivo por el que llegamos a la conclusión de que 2+3=5 es porque este demonio plantó la idea en nuestra mente. En tal caso, obtenemos la respuesta a través del engaño y de la ausencia total de razonamiento adecuado.

Por consiguiente, solo podemos confiar en nuestro razonamiento si podemos asegurar que la segunda posibilidad, y cualquiera que se le parezca, es imposible. Sin embargo, esto no es posible. No podemos tener la certeza de que nuestro razonamiento es confiable o refleja una verdad absoluta (al menos no por sí mismo).

Esto puede resultar muy desconcertante (no poder confiar en tu propio razonamiento y proceso mental). Si no puedes confiar en tus sentidos o pensamientos, ¿entonces cómo puedes saber que tu forma de ver el mundo es verídica o correcta? ¿Qué elemento, si lo hay, puede proporcionar la certeza que Descartes tanto anhelaba? Ese es el principal problema que enfrentó Descartes y que tanto se esforzó en resolver.

Meditación 2

La meditación 1 se trataba de librarnos de creencias que podrían ser falsas, principalmente de nuestros sentidos y de nuestro razonamiento mental. La meditación 2 sigue la misma línea y se trata de encontrar creencias que supongan una verdad indiscutible.

¿Cómo encontramos dichas proposiciones si no podemos confiar en nuestros sentidos o razonamiento? Solo a través de dichas proposiciones podrás desarrollar un conocimiento del mundo que sea confiable y verídico; solo cuando se parte de una verdad se podrá concluir una verdad.

La lección era clara: Descartes debía intentar encontrar verdades universales cuya veracidad fuese indiscutible. De este planteamiento en particular se desprende una de las líneas más famosas de la filosofía occidental. Pero primero, su diálogo interno:

Pero me he persuadido de que no había absolutamente nada en el mundo, que no había ni cielo, ni tierra, ni mentes, ni cuerpos; ¿no me he persuadido, pues, de mi propia inexistencia? Para nada; [ciertamente] existo, porque me he persuadido. Pero hay un ser engañoso, muy poderoso y muy astuto, que siempre emplea toda su industria para engañarme. Por lo tanto, si me engaña, entonces no hay duda de que existo, y que me engañe tanto como quiera, pues nunca podría hacer que deje de existir mientras yo piense que lo hago. De modo que, tras haberlo pensado bien y haber examinado cuidadosamente todas las cosas, hay que concluir finalmente que esta proposición: "Soy, existo" es necesariamente verdadera cada vez que la pronuncio o que la concibo en mi mente.

Puede que hayas adivinado lo que sigue. *"Pienso, luego existo"*.

En Latín, *"Cogito ergo sum."*

Esta línea surge del argumento de Descartes sobre encontrar una verdad universal, abriéndose paso a través de los dos principales obstáculos de la primera meditación: no confiar en los sentidos y el razonamiento. El hecho de que *él* esté siendo engañado por un demonio tiene un significado. Si hay un engaño, debe estarse ejerciendo sobre algo, y ese algo es el propio Descartes. Por consiguiente, una de las verdades innegables es que él existe.

Descartes se percata de que no puede cuestionar su propia existencia porque es un "ser pensante". Incluso si duda de los sentidos y del cuerpo, no puede dudar de sí mismo debido a sus pensamientos. Incluso si un demonio alterase lo que vemos y oímos, mientras nuestros pensamientos sigan allí, seguiríamos existiendo.

Sin embargo, para explicar más a fondo lo que el *cogito ergo sum* demuestra a ciencia cierta, es necesario aclarar que este no implica que uno exista como persona, alma, o cuerpo. Descartes no busca implicar más que debido a la capacidad de pensar, existe, y que por lo tanto, la verdad innegable es que él es un ser pensante. Aquello que tiene la capacidad de pensar, existe. Descartes piensa (aunque pueda estar equivocado), y por lo tanto existe como un ser pensante.

Es prácticamente el equivalente mental a un trabalenguas. A estas alturas, lo único que Descartes ha concluido es que él existe como un ser pensante y que es lo único que sabe con certeza (ni su nombre, ni su edad, ni las dimensiones de su cama).

¿A dónde puede dirigirnos esta premisa?

Meditación 3

> *Estoy seguro de que soy un ser pensante; pero ¿no sé acaso también lo que se requiere para poder estar seguro de algo? En este primer conocimiento no hay nada que me garantice su veracidad más que una percepción clara e inequívoca de lo que afirmo, la cual, ciertamente, no*

bastaría para asegurarme de que mis afirmaciones son verdaderas, si pudiera ocurrir alguna vez que una cosa que concibo de forma tan clara e inequívoca resultase ser falsa; y por lo tanto, me parece que puedo establecer ya como regla general que todas las cosas que concebimos de forma clara e inequívoca son verdaderas.

¿Traducción? Bueno, Descartes, casi sin percatarse de ello, establece un nuevo estándar de lo que se podría considerar conocimiento real: "concebido de forma clara e inequívoca". Pero ¿qué significa esto?

Si vemos algo con *claridad*, significa que nuestra visión está despejada; tenemos una visión clara del objeto en cuestión. No está muy lejos, no es borroso, ni está demasiado oscuro para percibirlo, y así sucesivamente. Cuando vemos algo de forma *inequívoca*, somos capaces de diferenciar el objeto en cuestión de todos los demás objetos. Si vemos un botón entre una pila de botones similares, no lo vemos de forma inequívoca (podemos confundirlo fácilmente con alguno de los demás botones circundantes).

En otras palabras, las percepciones claras e inequívocas son definidas por Descartes como aquellas que resultan tan evidentes que, mientras se tengan en mente, no pueden dudarse por lógica.

Algunos ejemplos de percepciones claras e inequívocas incluyen las proposiciones "A=A" y "Yo existo". Todo el conocimiento, según Descartes, debe provenir de percepciones claras e inequívocas; ninguna proposición debe darse por cierta a menos que sea percibida de forma clara e inequívoca. Las ideas claras e inequívocas son conocidas formalmente como creencias básicas o justificadas que Descartes esperaba usar como la base de su sistema de conocimientos.

Considera la proposición de que 2+3=5. Podemos obtener una comprensión clara de la proposición (inalterada por otras ideas, obteniendo una visión clara de las distintas partes de la proposición y la forma en la que encajan). Además, no la confundiremos con alguna otra proposición (por ejemplo, que 2+3=6).

Podrías sentir que hay algunas lagunas en esta definición de la verdad absoluta, pero estas serán abordadas dentro de poco.

Por lo que sabemos hasta ahora de *Meditaciones metafísicas*, nuestros sentidos y razonamiento no son confiables, y lo único que sabemos es que somos seres pensantes (porque estamos pensando ahora mismo). Esto nos permite inferir que, ya que el *cogito ergo sum* es claro e inequívoco, las proposiciones claras e inequívocas son la base del verdadero conocimiento. ¿O no?

¿Cómo podemos afirmar que las proposiciones claras e inequívocas son la verdad más básica que existe? ¿Cómo podemos evitar alejarnos aún más de la verdad al saber que nuestras ideas y sentidos más básicos no son de fiar? ¿Cómo podemos estar seguros de que el demonio no puede corromper nuestras ideas sobre A=A?

Es aquí donde el devoto catolicismo de Descartes entra en acción, y quizá se desvía de su postura de que todo el conocimiento exige evidencias y pruebas sólidas. Dios es el árbitro definitivo de la verdad y el conocimiento. Este también representa uno de los puntos más criticados de *Meditaciones metafísicas*, pues parece contradecirse con la mismísima idea de no confiar en tus propias ideas y creencias.

> *Pero cuando consideraba cualquier cosa relativa a la aritmética y a la geometría, las cuales eran de lo más sencillas, por ejemplo, que dos y tres son cinco, y otras cosas semejantes, ¿acaso no las concebía al menos con suficiente claridad como para asegurar que eran verdaderas? Ciertamente, si he juzgado después que se podía dudar de esas cosas no ha sido por otra razón que porque se me ocurría que quizá algún Dios podía haberme dado una naturaleza tal que me equivocase incluso en relación con las cosas que me parecen de lo más evidentes... Y ciertamente, puesto que no tengo motivo alguno para creer que haya algún Dios que acostumbre engañar, ... la razón para dudar, que*

> *depende solamente de esta opinión, es muy endeble y, por así decirlo, metafísica. Pero, a fin de poder descartarla por completo, debo examinar si hay un Dios... y si encuentro que hay uno, debo examinar también si se presta para el engaño: pues sin el conocimiento de estas dos verdades, no veo cómo podría jamás estar seguro de algo.*

¿Traducción? A Descartes le preocupa que pueda haber un demonio con el poder de confundirnos o engañarnos incluso sobre una simple proposición matemática, así que existe la posibilidad de que solo *creamos* que algo es claro e inequívoco.

Ciertas proposiciones (*Dudo, existo, soy un ser pensante*) son completamente inmunes a los demonios. Sin embargo, Descartes ha señalado que ni siquiera las proposiciones matemáticas más simples lo son. Por consiguiente, utiliza a Dios como complemento para mantener el flujo de la tercera meditación. Existen verdades universales, establecidas y aprobadas por Dios, que podemos encontrar y considerar claras e inequívocas. Es arbitrario y no del todo útil para definir categorías, pero sí que concuerda con los primeros argumentos de Descartes.

Cualquier cosa que no sea clara e inequívoca no es inmune a los demonios; por consiguiente, no puede ser una verdad absoluta.

Descartes, el hombre

Hemos dedicado mucho tiempo analizando las ideas de Descartes, pero ahora centrémonos en el hombre detrás de las ideas, y en lo que podemos decir sobre la *calidad* de su estilo de pensar, más allá del contenido subyacente. No es tan difícil imaginar a Sócrates y Descartes teniendo una conversación animada; ambos demostrando su pasión por ahondar lo más posible en la naturaleza de las cosas, más allá de los límites del entendimiento humano, más allá de las conjeturas, y, en el caso de Descartes, más allá de toda duda.

Descartes, al igual que otros genios, quería *saber*, y quería poseer un conocimiento que fuese absoluto, infalible e incuestionable. Quería una base sólida sobre la cual desarrollar el resto de su filosofía. En el pensamiento de Descartes, podemos observar en su máximo esplendor muchas de las cualidades asociadas a la genialidad que hemos discutido en capítulos anteriores.

Curiosidad; sí, mucha. De hecho, la curiosidad e indagación de Descartes eran tan absolutas que quería profundizar lo más que pudiese en las cosas. Quería un conocimiento *absoluto* del que se tuviese certeza *absoluta* (o al menos, quería identificar el método para descubrirlo).

¿Esfuerzo y disciplina? Sí, por montones. ¿Una amplia gama de intereses? Claro que sí. Descartes tenía un rango menor de nobleza y disfrutó de una educación plena en la universidad jesuita de La Flèche, donde estudió literatura clásica, ciencia, matemáticas, metafísica, música, poesía, actuación, danza, esgrima y equitación (probablemente también incluyó un poco de filosofía griega). Posteriormente estudió derecho. Inventó la geometría analítica y publicó diversas obras sobre arquitectura militar, metafísica y filosofía, y ejerció la medicina de forma casual y gratuita.

Descartes era un intelectual rigurosamente crítico, y siguió una ruta que para la época resultaba poco ortodoxa, caracterizada por un determinismo incansable y diligencia a montones. Es imposible imaginar a Descartes alcanzando la mitad de dichos logros sin haber contado con las cualidades propias de un genio. En cierta forma, Descartes formalizó y conceptualizó un enfoque intelectual que resume a la perfección la actitud adoptada por muchos genios. Su objetivo era crear un estilo de pensamiento sencillo y un enfoque que caracterizase no solo al método científico, sino al mismísimo espíritu de la investigación. Era un genio cuyo pensamiento se concentraba en el pensamiento (¡era el maestro de la metacognición!).

¿Cómo podemos aplicar los estándares (abiertamente estrictos) de Descartes en nuestro pensamiento cotidiano? Repasemos las meditaciones:

La primera consiste en usar el método de la duda para descartar todas las creencias que podrían ser falsas. Esto es como desechar cualquier basura mental que se haya acumulado. No tenemos que abandonar por completo cualquier concepción de la realidad a menos que tengamos evidencia 100 por ciento irrefutable que lo justifique, pero podemos comprometernos a no aferrarnos a ninguna creencia e idea que no haya hecho méritos para ello. *¿Qué tanto de tu forma de ver el mundo se encuentra sustentado por evidencia sólida?* Si somos honestos, no mucho. No tienes que descartar dichas ideas; en lugar de ello, considéralas como algo provisional en el mejor de los casos.

La segunda meditación nos pide que nos aferremos con seguridad únicamente a aquellas creencias de cuya veracidad estemos seguros. Probablemente, la finalidad de este paso era adoptar una pequeña fracción de lo que *creemos* saber. Para Descartes, lo único que podía afirmar con certeza era su propia existencia, pues tenía la capacidad de pensar. Tú, por supuesto, no tienes que ser tan selectivo, y puedes admitir un par de cosas más con el propósito de vivir de forma práctica con un conocimiento necesariamente limitado. Si somos científicos, podemos comprometernos (aquí vuelve a entrar en juego la honestidad intelectual) a adoptar únicamente creencias que estén respaldadas por cierto grado de evidencia. Si somos personas más prácticas, podríamos afirmar que solo aceptaremos proposiciones e ideas que hayan demostrado su importancia y función en nuestra vida. En otras palabras, ¿es verdad, o al menos funciona?

Al hacer esto, ya estamos poniendo en práctica la tercera meditación, y estableciendo nuestros criterios para definir el conocimiento inequívoco. En este punto, podemos comprometernos a ser claros y concisos en nuestras definiciones, y reconocer y formular de forma clara los límites de nuestra certeza y entendimiento.

Moralejas

- **Las cualidades geniales de Descartes incluían honestidad intelectual, intereses diversos y pensamiento anticonvencional.**
- El francés René Descartes es considerado popularmente como el padre de la filosofía occidental, y realizó un gran aporte a muchos conceptos metafísicos que siguen vigentes en la actualidad.
- La genialidad de Descartes consistía, al igual que en el caso de Sócrates, en comenzar desde un punto de completa ignorancia, es decir, comenzar desde el cuestionamiento absoluto y avanzar paso a paso hacia el verdadero conocimiento, usando el pensamiento lógico y racional.
- En 1641, publicó sus *Meditaciones metafísicas*, cuyas primeras tres meditaciones están diseñadas como ejercicios para ayudar a las personas a usar el "método de la duda" para descartar creencias falsas (meditación 1), identificar las creencias que no podrían ser falsas (meditación 2) y determinar criterios sólidos para definir

lo que constituye un conocimiento fidedigno (meditación 3).

- Básicamente, este enfoque es una versión preliminar del método científico, pues describe el camino a seguir para alcanzar el conocimiento real, descartando todo aquello que pueda ser cuestionado y concentrándose en aquello que por lógica no puede ser falso y, por lo tanto, tiene que ser verdad. Es a través de este método que Descartes creía ser capaz de desarrollar una filosofía sólida.
- En la primera meditación, usamos la duda hipotética para obtener la verdad oculta tras las imprecisiones de nuestra propia percepción, al igual que las fallas y límites de nuestras facultades de razonamiento. Podemos aplicar esta sensación al recordarnos que siempre es posible estar equivocados, y a tomar la duda como punto de partida, en lugar de especular.
- La meditación 2 consiste en descubrir cuál es la verdad tras haber eliminado todo lo falso de la ecuación. Es aquí donde la famosa proposición *cogito ergo*

sum de Descartes entra en acción, explicando que él al menos sabía con certeza que tenía la capacidad de pensar, y que eso demostraba su existencia.
- Y esto nos lleva a la meditación 3, la cual define los criterios del conocimiento universal como elementos que pueden ser percibidos de forma clara e inequívoca.
- Inspirándonos en Descartes, no es necesario seguir su compleja filosofía al pie de la letra, pero podemos aplicar una especie de duda filosófica, comprometiéndonos a jamás sostener creencias de cuya falsedad estemos conscientes, y a tener estándares estrictos sobre lo que consideramos verdadero.

Capítulo 6. Tesla y Edison: dos caminos al éxito

Para nuestro sexto capítulo, estudiaremos a *dos* figuras muy importantes y exitosas, por el simple hecho de que es difícil hablar de una sin mencionar a la otra. Comencemos con Nikola Tesla, quien para muchos es el mayor exponente de lo que implica ser un innovador. Aunque muchas figuras destacadas de la época antigua eran polímatas y tenían una amplia gama de intereses, esto podría explicarse en parte por el hecho de que los hombres de cierta clase social solían disfrutar de una educación "clásica" y diversa, y que no era de extrañar que semejante caballero incursionase en todo tipo de áreas, desde el arte y la política hasta la medicina.

Sin embargo, la auténtica polimatía es cada vez menos común en el mundo moderno, a medida que este se hace más complejo. Sin embargo, Tesla se opuso a la tendencia de especializarse en una única área, y toda la vida fue conocido por su interés en diversos campos, y por ser un inventor prolífico y exitoso con más de 300 patentes a su nombre. Su aporte más famoso a la ciencia es el diseño del sistema de corriente eléctrica alterna, o electricidad CA para abreviar.

Edison: un maestro y un rival

Si los logros de Tesla te resultan familiares, probablemente se deba a que son muy similares a los de Thomas Edison, quien fue titular de una exorbitante cantidad de 1093 patentes por sus numerosos inventos, incluyendo el fonógrafo, la batería alcalina, la máquina de escribir, el "bolígrafo eléctrico", la cámara de cine y sí, la bombilla. Tan productivo y diligente como su colega Tesla, falleció dejando más de 3000 cuadernos que contenían las fructíferas sesiones de lluvia de ideas que había desarrollado durante seis décadas de trabajo.

Edison no recibió la más mínima educación formal, y aun así poseía uno de los estilos de pensamiento más creativos y originales de la historia. Aunque sus enfoques diferían, tanto Tesla como Edison compartían la pasión por el pensamiento lateral, y ambos tenían la determinación inquebrantable de dedicarse a las ideas que les interesaban, independientemente de las veces que "fracasasen".

Aunque es cierto que Edison era el más prolífico y productivo entre ambos, y trabajó arduamente durante toda su vida, es indiscutible que Tesla tenía las ideas más creativas e innovadoras, desafiando las convenciones de maneras que siguen siendo dignas de mención hasta el día de hoy.

A finales de la década de 1880, dos nuevos, pero distintos, sistemas de transmisión de energía eléctrica se encontraban en pleno auge de una competencia aguerrida, y tres científicos/fabricantes destacados se encontraban involucrados en lo que hoy en día se conoce como "la guerra de las corrientes". En una esquina, estaba la corriente alterna de alto voltaje (CA), y en la otra, la corriente directa de bajo voltaje (CD). La primera estaba asociada al alumbrado de las lámparas de arco que se usaban en las calles, y el segundo con el alumbrado incandescente más nuevo y de bajo voltaje que se usaba en interiores.

En el lado de la CD estaba Edison, y en el lado de la CA estaban Tesla y George Westinghouse de General Electric. Edison había diseñado la primera bombilla del mundo a finales de la década de 1870, llegando a dominar el mercado para 1882. Entra en escena el joven científico serbio Nikola Tesla, quien inmigró para trabajar con Edison en los generadores de CD, pero también quería compartir su nueva idea sobre los dispositivos de corriente CA. Pasamos a 1888 y Tesla, habiendo renunciado a trabajar con Edison, ya ha obtenido un par de patentes para su tecnología CA, la cual, según Edison, no tenía futuro. Tesla le vendió las patentes a George Westinghouse, quien ya era un competidor de Edison. Su éxito fue descomunal.

De inmediato, Edison inició una campaña para desprestigiar públicamente a la CA (la cual parecía superior a la suya), tachándola de tecnología peligrosa. Aunque recurrió a artimañas un tanto extremas (el asesino William Kemmler fue ejecutado públicamente usando un generador de CA, cuya letalidad Edison pregonaba con entusiasmo), Edison no logró alejar al público de la tecnología CA, y Westinghouse terminó obteniendo el derecho de suministrar electricidad a la monumental y aclamada Feria Mundial de 1893. La guerra de las corrientes había terminado, y Tesla, Westinghouse y los nuevos sistemas de electricidad CA habían salido victoriosos.

La lección de Tesla: persigue tus objetivos de forma indirecta

¿Qué podemos aprender de esta (ciertamente breve) historia de dos hombres influyentes disputándose la supremacía tecnológica? Claramente, tanto Tesla como Edison eran hombres increíblemente inteligentes y productivos que dejaron huellas indelebles en el curso de la historia. Aunque Edison perdió la guerra de las corrientes, nadie puede negar el inmenso éxito que tuvo en sus cientos de descubrimientos, inventos e ideas innovadoras.

A su manera, ambos hombres demostraron una cualidad que suele ser asociada a la genialidad: incursionar en todo tipo de áreas. En el primer capítulo, explicamos que tener una amplia gama de intereses era fundamental para desarrollar un entendimiento profundo y exhaustivo del mundo. Aprendimos que a Einstein se le ocurrió la ecuación $E=mc^2$ mientras tocaba el violín. No es que el violín guardase los secretos más profundos de la física y que estos solo pudiesen ser adquiridos al tocarlo. En lugar de ello, es la capacidad de alternar entre distintos estilos de pensamiento lo que sienta unas bases fértiles para el desarrollo de conocimiento nuevo e inesperado, así como de ideas creativas.

Lo mismo le ocurrió a Tesla. Se dice que paseaba con un amigo en Budapest en 1881, recitando poesía, cuando le invadió una visión repentina. De inmediato, el joven Tesla tomó un palo y bosquejó un diagrama rudimentario en la arena, plasmando la idea de un motor impulsado por dos campos magnéticos giratorios generados a partir de una corriente alternativa. Varios años más tarde, esta visión se materializó.

Ahora bien, no es que la poesía como tal haya permitido que Tesla alcanzase un nuevo nivel de comprensión. En realidad, al usar una parte completamente distinta de su cerebro, el recital de poesía pareció permitir que la mente inconsciente de Tesla se relajase y fomentase sus propias ideas. Es probable que tú mismo hayas experimentado este fenómeno cuando de la nada se te ocurre una idea brillante en la ducha. Por supuesto, el esfuerzo diligente y enfocado es necesario para materializar las visiones, pero, en ocasiones, podemos fomentar este tipo de visiones innovadoras al tener agilidad mental y la disposición de alternar entre perspectivas. Es nuestra decisión si lo hacemos mediante el arte, la música, la poesía, o pasando tiempo al aire libre (se dice que Bach obtuvo la inspiración para componer muchas de sus más grandes obras al escuchar el canto de las aves).

Este tipo de cambio de perspectiva nos permite desarrollar un entendimiento novedoso y un enfoque innovador para abordar problemas antiguos. La creatividad se estanca cuando las ideas se vuelven inertes, o cuando nos enfrascamos en una forma determinada de resolver un problema.

Podemos seguir el ejemplo de Tesla al aplicar de forma liberal el uso de fantasías, visualización imaginativa y abundantes paseos y descansos para permitir que nuestra mente inconsciente haga lo suyo. Sal de tu zona de confort. Cuando te encuentres con un problema matemático que no puedes resolver, tómate un descanso y pasa la noche en la clase de salsa, por ejemplo. Al retomar el trabajo, podrías sorprenderte al notar que ahora lo ves con otros ojos.

Dedícate a un proyecto, pero luego déjalo a un lado y ejercita otra parte de tu cerebro: realiza un entrenamiento vigoroso o toma un pincel. Ser una persona "que hace de todo" significa incursionar en diversas áreas, pero a efectos del presente capítulo, también podemos verlo como la disposición de alternar con frecuencia entre actividades, de ser creativos y de ser flexibles con las reglas.

En este sentido, pensar como un genio podría implicar tomar descansos creativos en los que se deje de "pensar" por completo. Los recursos mentales pueden agotarse, y nuestras habilidades cognitivas pueden mermar por el esfuerzo mental al igual que nuestros músculos cuando hacemos un esfuerzo físico. Sin embargo, al tomar descansos estratégicos, nos brindamos el tiempo no solo para recuperar nuestras facultades mentales, sino para consolidar recuerdos y conceptos nuevos en nuestra mente, de manera que alcancemos un nivel de comprensión mucho más profundo.

Aunque hay mucho que aprender de Tesla respecto al pensamiento innovador, la perseverancia y la productividad, una lección menos apreciada es que nuestra bombilla suele encenderse *entre* sesiones intensas de estudio, mientras dormimos y soñamos, o durante esos descansos que tomamos para librarnos del esfuerzo y dejar que nuestra mente inconsciente tome el control. Si recordamos contemplar un conjunto diverso de intereses, leer mucho, y tener una amplia gama de pasatiempos, incluyendo algunos que no estén relacionados al intelecto, nos permitimos activar nuevas formas de pensar; formas en las que podría yacer el secreto de nuestro próximo descubrimiento.

La lección de Edison: persigue tus objetivos de forma gradual

¿Qué hay de Edison? Si Tesla puede enseñarnos el poder de alternar entre tareas y de tomarnos un descanso, ¿qué puede enseñarnos Edison? Puede que te hayas preguntado si había alguna lección que aprender en el hecho de que Edison, a pesar de su genialidad, fue incapaz de notar el valor de las ideas de su joven pupilo sobre la corriente CA, y por consiguiente perdió la oportunidad de ser uno de los primeros en involucrarse con el nuevo fenómeno. Los genios no dejan de ser humanos, y pudo ser que el ego de Edison le haya impedido admitir que había un método más eficiente.

Aunque puede que en este caso Edison haya carecido de humildad y honestidad intelectual, no se puede negar que sobresalía en otras cualidades cuya relación a la genialidad ya hemos identificado, sobre todo en términos de esfuerzo y diligencia durante muchos años. Es cierto que Edison fue un inventor, pero sería más realista decir que la originalidad e innovación solo cumplían un papel menor en su trabajo. No inventó la bombilla, sino que la *perfeccionó*, y lo hizo de una forma metódica y perseverante, volviendo al punto de partida una y otra vez hasta que perfeccionó el diseño tras varios intentos.

Edison también era un hombre de negocios, y estaba sumamente involucrado en la venta y producción de sus inventos, no solo en la creación y el diseño de los mismos.

Mientras a Tesla se le encendía la bombilla mientras paseaba por el bosque recitando poesía, el enfoque de Edison era más lento y constante. Llegó a inventar tantas cosas porque cada innovación daba pie a otra ligeramente distinta. El fonógrafo (un aparato para grabar sonido) lo inspiró a crear la cámara de cine (un aparato para grabar imágenes), y así sucesivamente.

Este proceso lento y laborioso que implicaba desarrollar gradualmente el paso anterior, es algo que podría parecer insignificante a corto plazo, pero los éxitos no tardan en acumularse. Sin embargo, podemos imaginar que esto también fue lo que hizo tan difícil que Edison hiciese el gran salto conceptual de CD a CA, mientras que para Tesla resultaba más natural. Los genios pueden progresar y realizar descubrimientos a través de momentos *Eureka* y cuando se les enciende la bombilla, o puede ocurrir de forma progresiva mediante manipulaciones y ajustes graduales sobre el mismo tema, acumulando progresos sobre la marcha.

Alex Osborn, el intelectual considerado como el padre de la lluvia de ideas, estaba interesado en el concepto de realizar manipulaciones pequeñas y acumulativas sobre un tema, y describió métodos que bien pudieron haber sido aplicados por Edison de forma inconsciente. Una técnica popular es el método SCAMPER, una nemotecnia que sintetiza las siete formas distintas de manipular y manejar la información. Si esperamos alcanzar al menos una fracción del extraordinario éxito que Edison alcanzó durante su vida, podríamos hacerlo mediante la técnica SCAMPER.

La nemotecnia es así:

S – sustituir

C – combinar

A – adaptar

M – magnificar o modificar

P – proponer un uso distinto

E – eliminar

R – reorganizar o revertir

Veamos cómo podemos aplicar estas manipulaciones de forma productiva a un proyecto, para generar nuevas ideas y soluciones, o simplemente mejorar de forma gradual lo que ya existe. Edison trabajó principalmente en inventos y herramientas prácticas, pero podemos aplicar el mismo razonamiento a ideas más abstractas. Supongamos que estás inaugurando un negocio de *catering* y tu objetivo es atraer más clientes y perfeccionar tus recetas.

Puedes examinar un menú que hayas diseñado para algún evento y preguntarte:

1. ¿Puedes **sustituir** algo? Quizá haya un ingrediente más barato, más sabroso o más fácil de conseguir.
2. ¿Puedes **combinar** lo que tienes con algo más? Quizá puedas invertir en una vajilla elegante y crear una rama del negocio que también las alquile, o quizá tienes un amigo que es un maestro de la caligrafía, así que puedes ofrecer menús escritos a mano como servicio adicional.

3. ¿Puedes **adaptar** algún elemento a tu temática? Tienes un pequeño jardín en la parte trasera de tu casa; ¿podrías plantar especias, de manera que te ahorres el tener que comprarlas?
4. ¿Puedes **magnificar** algo para obtener un mejor resultado? Si tienes alguna especialidad, puede que te convenga concentrarte más en ella (como especializarse en postres exclusivos).
5. ¿Puedes **modificar** algún elemento? Quizá puedes ofrecerles a tus clientes alguna clase de platillo que sea difícil de encontrar en otro lado, como un servicio de *catering* que se adapte a dietas especiales.
6. ¿Puedes **proponer un uso distinto**? Quizá el dominio web que compraste para otro proyecto pueda modificarse para crear la página web de tu negocio de *catering*.
7. ¿Puedes **eliminar** algún elemento? Quizá el *catering* de bebidas alcohólicas resulte complicado y costoso, así que decides eliminarlo

por completo de tus menús y ahorrarte el problema.
8. ¿Puedes **reorganizar** las cosas? Quizá notaste que el proceso de pedidos por internet se está volviendo confuso, así que trabajas para optimizarlo, reorganizando los pasos que los clientes realizan para contratar tus servicios.
9. ¿Qué ocurre cuando **reviertes** las cosas? Podrías preguntarte, tras haber estado en el negocio por un tiempo, si es posible generar más ingresos al abordar la industria desde una perspectiva completamente nueva (por ejemplo, convirtiéndote en un mayorista de comida que distribuye a otros servicios de *catering*). Puede que incluso disfrutes más la gestión de eventos cuando puedes subcontratar servicios de *catering* sin tener que hacer el trabajo tú mismo.

Este ejemplo de *catering* no es más que para demostrar que siempre podemos mejorar las cosas, incluso si las mejoras parecen insignificantes al momento. Edison era famoso por llevar al extremo el arte del ensayo y error, y era conocido por probar cientos de diseños ligeramente distintos de sus numerosos inventos. En lugar de generar alguna idea desde cero, Edison desarrollaba nuevas ideas creativas por etapas, modificando lo que ya existía. En ocasiones, te toparás con este tipo de personas en tu vida: al preguntarles cómo terminaron en el área donde alcanzaron el éxito, te dirán que, de hecho, comenzaron en un sector completamente distinto, pero poco a poco terminaron en otros rumbos, mediante miles de pasos más pequeños.

Genios opuestos

Edison era prolífico, Tesla era innovador. Edison demostró una ética laboral y determinación increíbles durante décadas. Tesla tenía la osadía y motivación de dedicarse a algo nuevo y diferente. Ambos hombres, sin embargo, compartían la pasión por cuestionar las costumbres, y ambos poseían una amplia gama de intereses. Ambos eran polímatas de carácter poco convencional, Tesla siendo impulsado por la curiosidad y Edison por el deseo de mejorar cada vez más. Es imposible imaginar que alguno de estos intelectuales hubiese materializado sus logros sin contar con estas cualidades propias de los genios.

De Tesla podemos aprender a impulsarnos a ir un paso más allá, incluso cuando entramos en conflicto con nuestros superiores. Tesla renunció a su trabajo con Edison porque quería crecer. ¿Cuántos de nosotros nos conformamos con mantener el *statu quo*, siempre y cuando resulte cómodo y seguro? Tesla, sin embargo, siguió adelante. A su manera, Edison mostró la misma tendencia, y en lugar de conformarse con una invención "lo suficientemente buena", que más o menos cumpliese su función, seguía mejorándola, sin detenerse hasta que sus inventos dominasen el mercado y se vendiesen en cada rincón.

Aunque pocos alcanzaremos los logros de estos dos titanes de la industria e innovación, sí que podemos seguir su ejemplo en muchas áreas.

Incluso si algo ya funciona, ¿podemos buscar la manera de optimizarlo aún más?

Si caemos en un bache, ¿podemos apartarnos del problema y hacer una pausa momentánea, para permitir que surja una idea completamente nueva?

¿Contamos con una amplia variedad de intereses y habilidades, y solemos aprovecharlas?

Si te permites ser inspirado por Edison y Tesla, usas la técnica SCAMPER con frecuencia, e incursionas con libertad en diversas áreas (¡incluyendo un buen descanso!), entonces no tardarás en convertirte en una persona polifacética. Independientemente de que prefieras el enfoque de Edison o el de Tesla, la lección general es que el éxito le pertenece a aquellos con la disposición de seguir su propio camino con disciplina, perseverancia y diversidad.

Moralejas

- **Las cualidades geniales de Edison incluían intereses diversos, pensamiento anticonvencional, esfuerzo y disciplina.**
- **Las cualidades geniales de Tesla incluían curiosidad, pensamiento anticonvencional y honestidad intelectual.**
- Edison y Tesla fueron dos inventores que disputaron la llamada guerra de las corrientes a finales del siglo 19. Tesla trabajaba para Edison, pero se volvió su rival cuando le brindó nuevas ideas a un competidor, George Westinghouse, y alcanzó el éxito a su lado. Aunque Edison había dominado el mercado con sus sistemas de energía CD, al final de la guerra fueron Tesla y la nueva electricidad CA quienes se llevaron la victoria.
- Edison era un inventor prolífico y productivo que también fabricaba y comerciaba sus productos por todo el país. Su enfoque consistía en realizar mejoras graduales a elementos que ya existían, y con el tiempo amasó más de 1000 patentes a su nombre.

- El enfoque de Tesla era un poco distinto, en el sentido de que era menos prolífico pero más innovador, y, a diferencia de Edison, fue capaz de unirse a la revolución de la tecnología CA. Se decía que Tesla tuvo sus grandes ideas estando alejado del trabajo, mientras descansaba o daba un paseo.
- Ambos fueron individuos superexitosos, y ambos poseían cualidades propias de un genio, incluyendo determinación, disciplina, y la disposición para dedicarse a aquello que despertaba su interés incluso si iba en contra de las costumbres. Además, ambos estaban dispuestos a seguir presionándose y desafiándose a sí mismos para ser cada vez mejores, en lugar de conformarse con la mediocridad.
- Podemos desarrollar tanto el enfoque de Edison como el de Tesla en nuestras vidas: en primer lugar, podemos asegurarnos de tener una amplia gama de intereses entre los cuales alternar, y tomar descansos regulares para refrescar nuestra mente y cambiar de perspectiva. En segundo lugar, podemos

usar la técnica SCAMPER para modificar nuestro proyecto y desarrollar paso a paso nuevas ideas y soluciones.
- SCAMPER significa sustituir, combinar, adaptar, magnificar o modificar, proponer un uso distinto, eliminar y reorganizar o revertir.

Capítulo 7. Copérnico y Galileo: la osadía de ir contra la corriente

En el mundo actual, la mayoría de personas admira a los pensadores anticonvencionales y que rompen las reglas, y todos sabemos que esos rebeldes e intelectuales que hoy cuestionan las ideas preestablecidas suelen ser los artífices de los descubrimientos más increíbles del mañana. Sin embargo, esta actitud es relativamente moderna, y durante la mayor parte de la historia de la humanidad, los innovadores e individuos que cuestionaban lo establecido se topaban con un gran obstáculo: la terquedad de quienes les rodeaban.

Hoy en día, tenemos el beneficio de analizar los eventos *a posteriori*, y es fácil tildar de idiotas a aquellos que solían creer que la tierra era el centro del universo. Sin embargo, intenta ponerte en los zapatos de Galileo, la famosa oveja negra intelectual, quien vivió en un mundo donde el heliocentrismo era tan obvio que solo un hereje se atrevería a cuestionarlo. Sería el equivalente a decir en la actualidad que las personas pueden revertir su edad o que es posible que los humanos realicen la fotosíntesis.

El precio de ser diferente

Para entender a Galileo, tenemos que entender al astrónomo polaco Nicolás Copérnico, quien fue el primero en afirmar que la tierra e incluso todos los demás planetas de nuestro sistema solar orbitan alrededor del sol. Aunque era un hombre culto y destinado a una profesión eclesiástica, Copérnico, al igual que muchos otros de su pudiente clase social, también estudió derecho, medicina, arte y astrología. Durante un tiempo, Copérnico ayudó a sus profesores en la realización de predicciones astrológicas para terceros (la astrología se parecía mucho más a la astronomía en comparación a lo que hoy en día llamamos astrología), y con el tiempo llegó a criticar la típica perspectiva geocéntrica o tolemaica.

La noción geocéntrica era que el universo estaba organizado en esferas concéntricas, donde la tierra ocupaba una posición central, y todo lo demás giraba de forma ordenada a su alrededor. Sin embargo, incluso las observaciones más básicas contradecían esta idea, y muchos astrónomos de la época eran sencillamente incapaces de explicar por qué los planetas se movían de forma impredecible o por qué en ocasiones llegaban incluso a invertir sus órbitas.

Copérnico publicó varios artículos durante su vida explicando sus teorías astronómicas, y su libro, *Sobre las revoluciones de los orbes celestes*, fue terminado en 1543 e iba dedicado al Papa Paulo III. Incluyó información sobre la rotación de la tierra sobre su eje, ideas sobre las órbitas, estrellas, eclipses y otros conceptos revolucionarios que hoy en día son considerados como la base de toda la astrología, cosmología, física y matemáticas. Aunque Copérnico obtendría más fama a nivel mundial tras su muerte, al momento de su fallecimiento en 1543 aun había algunos asuntos por resolver respecto a la teoría heliocéntrica, la cual planteaba tantas preguntas nuevas como las que respondía.

Galileo Galilei nació algunos años más tarde, en 1564, en un mundo cristiano que seguía defendiendo el geocentrismo en gran medida. Gracias a él, la teoría copernicana se extendió y popularizó a principios del siglo 17, con ayuda de otros colegas contemporáneos como Johannes Kepler. Sin embargo, su trabajo se vio entorpecido por una constante oposición de la iglesia. El conflicto fue implacable y prolongado; la iglesia siempre había sostenido que Dios había creado al hombre en el centro del universo, y sugerir lo contrario era considerado una herejía.

Aunque un hombre como Darwin fue capaz de superar dicha oposición, Galileo vivía en una época menos progresista, y fue obligado a retractarse públicamente. Sabiendo lo que sabemos sobre la honestidad intelectual y la libertad de investigación, podemos notar lo severa que resultaba dicha restricción para un hombre que solo quería saber la verdad.

Hoy en día, Galileo es conocido por haber sido el pionero de la perspectiva heliocéntrica, pero ese no fue su único logro. También se le atribuye la invención del reloj de péndulo y el telescopio refractor, para el que esmeriló y pulió sus propios lentes y experimentó con la magnificación. Galileo aplicó los mismos principios del método científico que seguimos usando hasta el día de hoy, al igual que una pizca de cuestionamiento socrático y el proceso iterativo defendido por inventores como Edison. Usó la observación y la experimentación, concentrándose siempre en los datos y en lo que podía observar (en lugar de partir de una premisa fija y procurar que todas las observaciones encajasen con dicha idea preconcebida).

Con sus telescopios, Galileo pudo observar montañas y cráteres en planetas distantes. Investigó los ciclos planetarios y fases de

Venus, e identificó las lunas de Júpiter, las cuales son conocidas hoy en día como lunas galileanas. Descubrió que la Vía Láctea estaba formada de estrellas, y no por una simple neblina luminosa, como antes se asumía.

Sin embargo, podríamos encontrar una moraleja interesante en el hecho de que la obra con la que más asociamos a Galileo hoy en día fue por la que más lo señalaron en su época. Con el tiempo, Galileo fue juzgado y condenado por herejía, además de ser declarado enemigo de la iglesia católica. Fue amenazado con ser quemado en la hoguera, al final se retractó de sus afirmaciones y pasó el resto de su vida bajo arresto domiciliario. Fue mucho después, gracias al trabajo de Isaac Newton, que la teoría copernicana comenzó a arraigarse poco a poco en los países no católicos, y a finales del siglo 18, lo que había comenzado como una teoría descabellada se volvió una verdad común y universal.

Por otro lado, la iglesia católica necesitó un increíble lapso de 359 años para reconocer que Galileo tenía razón, y finalmente el

Papa Juan Pablo II presentó una disculpa formal en 1992 por el atropello del Vaticano. Aunque es innegable que Galileo enfrentó prejuicios extremos, muchos científicos que vinieron antes y después de él enfrentaron la intromisión y oposición de la superstición, irracionalidad, obstinación y dogmatismo religioso. Hay que agradecer a la perseverancia y genialidad de estos pioneros por el continuo avance de la ciencia, a pesar de la injerencia de los ataques religiosos.

Los genios son líderes, no seguidores

Es fácil identificar cuáles son las cualidades geniales que hemos estudiado hasta ahora y que se encuentran en Copérnico y Galileo. De hecho, la historia de Galileo suele ser usada para demostrar que si tienes razón, la tienes, independientemente de que el mundo entero crea que estás equivocado. Lamentablemente, muchos genios intelectuales han sido denigrados por sus contemporáneos por el simple hecho de que a estos les costaba entender la visión que el genio percibía con mayor claridad. Es solo cuando el consenso se decanta por la otra perspectiva que las masas sienten la confianza de apoyar lo que años antes habían criticado con tanto ahínco.

Lo que parece emocionante, innovador e importante para un genio podría parecer amenazante, peligroso e inútil para una persona que esté más interesada en mantener el *statu quo*. Sin embargo, a lo largo de la historia, los auténticos genios siempre han perseverado. Generalmente, solo conocemos a los grandes científicos *después* que han sido galardonados y han saltado a la fama, pero si los hubiésemos visto antes, probablemente los hubiésemos tachado de chiflados, dementes, perturbados o delirantes que perdían su tiempo. Galileo nunca hubiese llegado tan lejos si hubiese permitido que la iglesia detuviese su trabajo.

Por fortuna para la ciencia, y para toda la humanidad, otras personas brillantes pudieron retomar el trabajo de Galileo, y pasaron la antorcha del conocimiento un poco más allá, evitando que fuese apagada por aquellos que le temían al cambio. Una vez más, vemos que las obras más exitosas, resilientes y profundas son realizadas por personas cuya única motivación es la sed de aprendizaje, y el profundo deseo de entender. Si a Galileo solo lo hubiese motivado el beneficio económico o la aprobación de los demás, se hubiese rendido ante la primera crítica de la iglesia. De hecho, ¡ni siquiera hubiese tenido la osadía de crear una teoría que la contradijese!

Podemos notar que la cualidad más asociada tanto a Galileo como a Copérnico era el pensamiento anticonvencional, y la disposición de ir contra la corriente. Galileo hizo observaciones y llegó a ciertas conclusiones, y su honestidad intelectual le impidió hacer la vista gorda. Su curiosidad insaciable implicaba que no podía abandonar un campo de investigación prometedor por el simple hecho de que fuese impopular (o mejor dicho, ilegal) para la época. Su honestidad intelectual no le permitía falsificar o distorsionar sus hallazgos para que fuesen más aceptables, y no le importaba ganarse enemigos si ese era el precio a pagar por decir la verdad. Claro, al final Galileo renunció a su trabajo bajo amenaza de muerte, pero podemos ver dicha retractación como una señal negativa de la sociedad en la que vivía, y no como un signo de debilidad personal.

¿Qué podemos aprender de estos dos hombres excelsos, y de todos los demás científicos, tanto famosos como desconocidos, que trabajaron sin descanso a pesar de la falta de apoyo y comprensión de la sociedad en la que vivían?

Cómo manejar el rechazo

Los seres humanos somos animales sociales. Todos hemos evolucionado en medio de tribus y grupos sociales que nos han dejado la creencia arraigada de que *aceptación = supervivencia*. Si somos aceptados por el grupo, garantizamos nuestra felicidad y bienestar. Si somos rechazados, fracasamos. Por lo tanto, intentamos seguir al grupo y rechazamos a aquellos que violan nuestras normas. Es esta regla tácita la que impulsa a las sociedades a seguir las costumbres y tradiciones, adaptándose muy lentamente a los cambios respecto a la forma de pensar, incluso si son para mejor. Lo que esto implica para el intelectual, innovador o inventor independiente es que podría enfrentar rechazo, críticas y aislamiento.

Por supuesto, algunos científicos e intelectuales destacados son aclamados por la crítica, pero esto suele ocurrir tras una ardua lucha contra el *statu quo* y la oposición de los escépticos. No tenemos que enfrentar una persecución del grado que enfrentó Galileo, pero aun así puede que sintamos temor de intentar algo nuevo y pensar de una forma que rompa paradigmas, no sea que agitemos las aguas o demos lugar a las críticas. ¿Cómo lidiamos con este inevitable efecto secundario del pensamiento de carácter genial y anticonvencional?

Los autores contemporáneos japoneses Ichiro Kishimi y Fumitake Koga escribieron un libro titulado *Atrévete a no gustar*. Inspirados por su experiencia en la filosofía occidental y la psicología adleriana, ambos escritores querían explorar cómo podíamos convertirnos en las personas que queríamos ser, sin vernos excesivamente influenciados y limitados por las ideas y opiniones de los demás. Aunque Kishimi y Koga abordaron principalmente el tema desde una perspectiva psicológica, proporcionan información de gran utilidad sobre cómo tener más valentía para dedicarnos a aquello a lo que queremos dedicarnos, y ser la clase de persona que queremos ser, independientemente de que esto implique un cambio radical en el modelo de realidad predominante o el simple hecho de ponernos firmes ante un familiar prepotente.

¿Qué tienen las personas de carácter anticonvencional que los demás no? ¿Cómo difiere su proceso de pensamiento del de aquellos a quienes les preocupa ofender a los demás, encajar en la sociedad, ser elogiados o aceptados, etcétera? Si nos sinceramos con nosotros mismos, probablemente podamos identificar ocasiones en las que hemos sido vencidos por la presión social, las expectativas o el orgullo. La genialidad no siempre se trata de las cosas increíbles que *puedes* pensar; en ocasiones se trata de tener la fuerza de carácter para decidir en qué *no* pensar, bien sean las expectativas infundadas de los demás o las presiones externas.

Oponerse al determinismo

Una de las ideas principales del libro de Kishimi y Fumitake es aprender a sentirnos empoderados, y a asumir el control de nuestro destino. Los genios son personas que pasan a la acción. Nunca aceptan de forma pasiva lo que un tercero decide por ellos, sino que expresan toda su independencia, encargándose personalmente de sus asuntos e intentando cosas nuevas, sin esperar autorización de los demás. Analizando un poco esta actitud, podemos notar que surge de no creer en el *determinismo*.

Piensa sobre algún aspecto desagradable de la vida. Una persona lo observa, se encoge de hombros, y dice: "Ah, bueno, así son las cosas, ¿qué se puede hacer?" y se queda de brazos cruzados. Otra persona lo observa, siente curiosidad, y comienza a idear formas de cambiarlo. Inventa una solución. Diseña una herramienta para solucionar el problema. **Cambia** la historia o junta a un equipo para cambiar el mundo de alguna forma, para mejorarlo. La primera persona sucumbió ante una perspectiva determinista (y apática), mientras que la segunda sabe que siempre se tiene la capacidad de actuar, de crear, de decidir.

Por lo tanto, en el caso de Galileo y Copérnico, no importaba mucho que sus teorías no fuesen bien recibidas. No veían la teoría geocéntrica preexistente como algo definitivo o inalterable; en otras palabras, como parte del destino. En lugar de ello, tomaron la iniciativa, y actuaron de la forma que sabían para crear nuevas ideas. Esta diferencia fundamental en la mentalidad es lo que impulsa el pensamiento anticonvencional.

Solo porque ayer lo hiciste de cierta forma, no significa que hoy tengas que hacerlo igual.

Solo porque hayas fallado una vez, no significa que no puedas tener éxito posteriormente.

Solo porque no te guste el estado actual de las cosas, no significa que no puedas cambiarlo.

En cierta forma, esta es la misma mentalidad que subyace tras la idea de plantear situaciones hipotéticas: la capacidad de observar la realidad y comprenderla, pero también de entender que puede ser distinta, que puede cambiar. Ahora bien, ¿cuál es tu actitud frente al cambio? Si eres como los genios de este libro, te sentirás inspirado, motivado e irresistiblemente impulsado por el cambio. Verás el mundo y te sentirás emocionado ante las *posibilidades*. Tienes visiones de cosas que podrías construir, crear o mejorar, y esto te llena de emoción.

Concéntrate en tu trabajo

Otra de las ideas principales que explora este libro es que cada uno de nosotros es responsable de su propia vida, y de sus propias acciones. En cierta forma, el pensamiento anticonvencional viene acompañado de una abundante dosis de independencia. Es la capacidad de reconocer que somos individuos, y que está bien tener nuestra propia manera de pensar. La idea es que nos empoderamos y fortalecemos en la ejecución de nuestros proyectos cuando nos concentramos y hacemos el trabajo que nos corresponde, sin considerar el trabajo que los *demás* tienen que hacer. Su trabajo es suyo, el nuestro es nuestro.

Cuando te concentras en tu trabajo, configuras el epicentro de control en tu interior, y evalúas tu progreso con base en tus propios valores y principios. Si estamos bien arraigados a nuestra propia misión, nuestros propios sueños y nuestras propias fortalezas, entonces no necesitamos la aprobación y reconocimiento de los demás; encontraremos todo esto en nuestro interior. Es imposible saber lo que pensaba Galileo cuando fue obligado a negar sus hallazgos, pero podemos asumir que no hubiese perseverado durante tanto tiempo en una investigación si no hubiese creído en ella con cada fibra de su ser.

La verdadera libertad, independencia y anticonvencionalidad se reduce, pues, a atrevernos a seguir nuestro objetivo a toda costa. Sin importar lo que haya acontecido antes, lo que digan los demás, o lo que cueste, seguimos adelante. De hecho, es difícil imaginar que tantos científicos destacados demostrasen tanta perseverancia si no tuviesen cierto grado de certeza de estar haciendo lo que *ellos* creían correcto.

Cree en ti mismo

Aunque los grandes intelectuales que hemos estudiado en este libro han sido científicos y matemáticos, lo cierto es que incluso las personas inteligentes, a fin de cuentas, son guiadas e impulsadas por influencias psicológicas e interpersonales. Es difícil diferenciar entre el hecho de tener valentía y certeza en tus convicciones y el simple hecho de creer en ti mismo y en lo que eres. Aunque solemos asociar la genialidad con la superioridad mental e intelectual, lo cierto es que se necesita inteligencia emocional para tener confianza en uno mismo, valorarse, y creer en lo que somos como personas, independientemente de lo distintos que podamos ser.

Cuando cedemos ante la presión de grupo o cambiamos nuestra personalidad a causa de los prejuicios, expectativas y críticas de los demás, podría deberse a nuestra baja autoestima. Se necesita de mucha madurez y fortaleza emocional para decir: "Acepto las opiniones que los demás tienen de mí, pero no permito que decidan mi destino. Soy *yo* quien lo decide".

Si dejamos de creer en un futuro determinista cuyo control se escapa de nuestras manos (es decir, el destino), si podemos concentrarnos en nuestro trabajo y dedicarnos a ello, dejando que los demás se dediquen a sus propios asuntos, y si logramos desarrollar confianza en nuestra identidad como personas, entonces no estamos lejos de atrevernos a ir contra la corriente, y puede que incluso tengamos la oportunidad de convertirnos en verdaderos revolucionarios.

Para algunas personas, ser un genio significa ser famoso, o una persona muy respetada que tiene el placer de sentirse superior a los demás. De hecho, un genio tiene que aprender a caminar solo, y a dedicarse a una causa de cuya importancia está convencido incluso si tarda años en lograr que los demás entiendan su valor (si acaso llega a convencer a alguien). Imagina a un empresario independiente que trabaja durante años en una meta que pocos entienden, o a un visionario con la imagen de lo que quiere crear, a pesar de que los demás lo tachan de extraño por el preciso motivo de que es algo sin precedentes.

Bien sea que lo llames independencia intelectual, pensamiento libre, innovación, apertura mental, creatividad, carácter anticonvencional o simplemente ir contra la corriente, puede que esta sea la cualidad más difícil de desarrollar en nuestra persona. El mayor impedimento es nuestro miedo al odio, al rechazo o a las críticas de los demás. Si logramos superar tales impedimentos, y encontramos una fuente de dirección y propósito en nuestro interior, seremos mucho menos vulnerables a los caprichos y opiniones de los demás. Si queremos que nuestra vida se asemeje a la de nuestros héroes intelectuales, una de las preguntas que nunca debemos dejar de plantearnos es: "¿Qué es importante para mí? ¿Cuáles son los principios personales que debo seguir *pase lo que pase*?"

Moralejas

- **Las cualidades geniales de Copérnico y Galileo incluían honestidad intelectual y pensamiento de carácter anticonvencional.**
- Copérnico fue un astrónomo considerado como el pionero en proponer la idea del heliocentrismo. Fue Galileo quien popularizó y expandió dichas ideas tras la muerte de Copérnico, pero Galileo también tuvo muchos otros logros, incluyendo la invención de un telescopio y numerosos descubrimientos fantásticos en el área de la astronomía y las matemáticas.
- Las ideas de Galileo cuestionaban de forma directa la perspectiva religiosa que predominaba en la época, ganándose el desdén del público e

incluso llegando a ser juzgado y condenado por herejía. Fue obligado a retractarse de sus afirmaciones bajo amenaza de muerte.

- Puede que Galileo haya cedido ante la persecución de la iglesia, pero sus ideas fueron retomadas por otros científicos de países no católicos, hasta que, a finales del siglo 18, el modelo heliocéntrico fue demostrado finalmente.
- Tanto Galileo como Copérnico poseían una originalidad e independencia de pensamiento extraordinarias, y se regían por los hechos y la evidencia a pesar de la oposición de los demás. Ambos llegaron tan lejos gracias a su honestidad intelectual y a la disposición a dedicarse a lo que creían correcto.
- Podemos seguir sus ejemplos si comprendemos que, en ocasiones, el éxito consiste en atreverse a ser impopular. Si podemos librarnos de ideas deterministas, tomar las riendas de nuestras acciones y de nuestra independencia, y fomentar nuestra autoestima, seremos menos susceptibles

a los señalamientos y críticas de los demás.
- Para ser pensadores independientes, tenemos que reducir el valor que le damos a la aprobación social y aumentar el valor que le damos a nuestra propia visión.
- Para fomentar la valentía, podemos consultar de forma constante nuestros valores y principios, y regirnos por ellos en todo momento. Muchos genios son motivados por un compromiso inquebrantable con su causa. ¿Cuál es la tuya?

Capítulo 8. Abraham Lincoln y su equipo de rivales

Recuerda la actitud que tenía Edison ante el "fracaso": "No he fracasado. Solo he descubierto 10 000 métodos que no funcionan".

Cuando realizas un experimento, cualquier resultado es valioso, pues supone un aporte a tu comprensión y conocimiento, incluso si el resultado no es el que esperabas.

En el presente capítulo, hablaremos de un hombre que saltó a la fama por su suprema inteligencia política, su capacidad de liderazgo y su increíble habilidad política. Puede que Abraham Lincoln no fuese un genio en el sentido convencional de la palabra, pero su ingenio yacía en la capacidad de aprovechar los recursos que tenía a su disposición, y en usar la diplomacia para lograr un impacto en la sociedad. Lincoln era particularmente admirado por su hábito de rodearse de personas con opiniones antagónicas.

Doris Kearns Goodwin escribió un libro que explora el genial enfoque del famoso expresidente, *Team of Rivals: The Political Genius of Abraham Lincoln*. Sin embargo, los conceptos que Goodwin describe son bastante clásicos, y muchas otras personas han comprendido la importancia de estar rodeado de buenas personas, y no solo de personas a quienes les agrades y estén de acuerdo contigo. Básicamente, es el mismo principio que Edison comprendió: no aprendemos del éxito continuo, sino de los fracasos y obstáculos.

Tras ganar la presidencia, Lincoln reunió a un gabinete bastante inesperado: los tres hombres que había vencido. Eran "rivales" en el sentido de que habían entablado una feroz competencia en el pasado, y eran antiguos rivales políticos que no compartían todas sus posturas. Sin embargo, en lugar de dejarse vencer por el ego e intentar hacer la vista gorda ante sus contrincantes y detractores, Lincoln hizo lo opuesto y procuró usar los talentos de dichos individuos para beneficio del gobierno. En otras palabras, el hecho de que discrepasen y fuesen rivales no significaba que no pudiesen estar en el mismo equipo y cooperar en función de un objetivo en común (¡Algo que podría ser impensable en la escena política estadounidense tan polarizada de hoy en día!)

Las motivaciones de Lincoln eran muchas. La principal es que las personas que mantienen una competencia activa contigo (¡y casi te superan!) serán *personas buenas y competentes.* Aunque eran rivales, tenían habilidades y talentos valiosos, y Lincoln podía percibir el potencial de estas personas, a pesar de que no era el suyo. Muchos genios perseveran por su cuenta, haciendo las cosas a su manera, e incluso puede que enfrentándose a sus rivales. Sin embargo, en el caso de Lincoln, su genialidad yacía en el hecho de que podía reconocer la inteligencia de los demás y usarla a beneficio propio, e incluso a beneficio del país que gobernaba.

"Mantén a tus enemigos cerca"

¿Cuántos directores ejecutivos alcanzan dicho rango y comienzan a deshacerse en el acto de todas las personas del equipo que no le agradan? ¿Por qué lo hacen? Sencillo: solo quieren escuchar lo que ya saben, y quieren a un grupo de personas sumisas que apoyen todas sus ideas. Quieren personas que no los cuestionen, y si además son un poco aduladoras, mucho mejor.

Sin embargo, una persona que nunca enfrenta perspectivas distintas, desacuerdos u objeciones comete el mismo error que la persona incapaz de tolerar que la primera versión de su invento "fracase". No es el éxito lo que nos hace crecer y ser más fuertes, sino el enfrentar desafíos. No somos buenos líderes por el simple hecho de haber encontrado un grupo de personas que nos obedezca sin rechistar; por el contrario, tendremos una visión y fortaleza auténticas cuando podamos mostrarnos firmes en nuestra postura *porque* ya hemos tomado en cuenta todas las demás perspectivas.

Los físicos, matemáticos y filósofos que hemos estudiado en capítulos anteriores puede que hayan sido brillantes en ciertas áreas, pero muchos tenían vidas desastrosas, matrimonios infelices, relaciones inestables con amigos y colegas, o eran irresponsables con el dinero. Isaac Newton murió virgen, y Adam Smith, el famoso economista, recibió atenciones de su madre hasta el final de sus días. Esto quiere decir que incluso los genios tienen puntos ciegos y debilidades. Reconocer las fortalezas de los demás es una fortaleza en sí misma, y mucho más usarlas a beneficio propio.

Un buen director ejecutivo sabe que necesita personas de todo tipo en su equipo, con habilidades de lo más diversas, incluyendo aquellas de las que él mismo carece. Un buen líder sabe que las negociaciones y debates intensos resultan fructíferos, en lugar de tener un grupo que siempre te dé la razón. Un líder es una sola persona; pero si logra combinar las perspectivas válidas de *todo el equipo*, podrá superar sus debilidades, prejuicios y ego. Además, si procura que su equipo incluya personas que lo cuestionen, mucho mejor, pues esta es la única forma de descartar premisas o ideas que ya no funcionan.

La estrategia de Lincoln le funcionó muy bien. Aunque su autoridad política se disolvió un poco tras su muerte, el legado de Lincoln siguió viviendo. Sus logros fueron enormes: durante su mandato, la Unión fue defendida y preservada, los principios de la democracia fueron ratificados y reforzados, y la esclavitud fue abolida. Sin lugar a dudas, Lincoln no hubiese logrado tales hazañas durante su mandato sin la ayuda de su equipo de rivales, quienes al final demostraron que no eran rivales, sino aliados y maestros.

Lincoln fue un líder y un visionario cuyo logro para la posteridad fue haber unificado a la nación en función de los principios y valores más nobles. Lincoln sabía que una nación unida era fuerte; y que se podía alcanzar dicha unión a pesar de las diferencias, e incluso de los desacuerdos. La manera en que formó su gabinete refleja la estructura que visualizó para todo el país: la democracia, el respeto mutuo y la lucha colectiva por el bien común eran los principios básicos. De hecho, fue este espíritu de democracia el que impulsó la emancipación.

Podemos interpretar el compromiso de Lincoln al trabajar con sus rivales como una especie de honestidad intelectual a base de práctica. "Mantener a tus enemigos cerca" puede ser una forma de nunca bajar la guardia, asegurándote de no dejarte dominar por la apatía o el egoísmo, o de no realizar conjeturas incorrectas. Por otro lado, podría decirse que Lincoln siguió algo similar a la regla de oro de Darwin cuando consideró con mente abierta las perspectivas alternativas, y contempló opiniones distintas a las suyas. La lección es que la verdad y la unión son el bien más preciado; y a tal fin, Lincoln siempre estaba dispuesto a dejar a un lado sus propios prejuicios, orgullo e ideas preconcebidas.

Este enfoque exige humildad, honestidad y agilidad intelectual. Se necesita de mucha fuerza para cambiar de parecer, así como para modificar tu punto de vista al encontrar evidencia que te obligue a hacerlo. Si Lincoln no hubiese contado con esa cualidad propia de un genio, nunca se hubiese convertido en el líder de proporciones casi legendarias que hoy en día es aclamado por las masas, sino en un político del montón que, al final, no hacía más que actuar en función de sus propios intereses limitados.

Un genio fuera de serie

Pocas veces ponemos a los líderes políticos exitosos en la misma categoría de los grandes intelectuales como Einstein o Sócrates, pero quizá deberíamos. Lincoln poseía muchas de las cualidades que hemos identificado como fundamentales para el éxito de un genio. Paciencia infinita, voluntad inquebrantable, estrategia política, sensatez económica, perseverancia, y la capacidad de reconocer el momento oportuno eran aspectos imperativos para las monumentales empresas que emprendió Lincoln. Sin lugar a dudas, se necesitaba una enorme cantidad de esfuerzo y disciplina.

Lincoln también era cierta especie de polímata, y a pesar de que recibió muy poca educación formal, tenía una amplia gama de intereses, entre los que se incluía la ciencia, literatura, historia universal, geografía, astronomía, poesía, música e incluso un poco de costura. Además, fue el único presidente con una patente a su nombre. Lincoln tuvo muchos cargos laborales durante su vida, incluyendo agricultor, miembro de la tripulación de un transbordador, jefe de la oficina de correos, dependiente y abogado (sin mencionar presidente, por supuesto).

Ahora bien, probablemente estés pensando que ser presidente es fantástico y todo lo demás, pero ¿qué podría un hombre como Lincoln enseñarle a personas más comunes? Incluso si nunca ocupas una posición de liderazgo, por ejemplo en el trabajo, y nunca enfrentas a algún "rival" o contrincante como ocurrió en el caso de

Edison y Tesla, eso no significa que no puedas aplicar los mismos principios de honestidad intelectual.

Una excelente forma de hacer esto es aprovechando y explotando las habilidades de los demás. Muchos queremos tener la razón, ser los ganadores, y dominar nuestras empresas como si fuesen dragones a vencer. Sin embargo, lo cierto es que nadie es perfecto, nadie tiene el control absoluto, y nadie está completamente a cargo de una determinada empresa. Cuando trabajamos en equipo, podemos juntar nuestros recursos, combinar fuerzas y crecer como personas. Cuando trabajamos por nuestra cuenta, corremos el riesgo de que nuestra perspectiva se vuelva demasiado limitada e ineficaz.

Por lo tanto, la auténtica genialidad podría consistir en tener la inteligencia de pedir ayuda a la persona correcta en el momento correcto. Podría consistir en tener la humildad necesaria para reconocer que alguien es más habilidoso que tú, y buscar la forma de aprovechar dicha habilidad para el bien común. ¡Si Edison hubiese aplicado un poco más este tipo de actitud, no hubiese despreciado las ideas de Tesla sobre la corriente CA!

Tal como lo hacía Darwin con su regla de oro, busca opiniones que contradigan la tuya. Si recibes críticas, escúchalas y tómalas en cuenta. Imagina al propietario de un nuevo negocio que recibe una reseña negativa en internet por parte de uno de sus primeros clientes. Se siente destrozado, y su primer impulso es discutir, y asumir que la persona lo está atacando. Podría encontrar una forma de ocultar la reseña. O, alternativamente, podría comunicarse con el cliente y pedirle con toda la honestidad del mundo que le indique cómo podría mejorar el servicio. Realizar cambios con humildad, escuchar las críticas e incluso pedir consejo a los mismos críticos puede tener el efecto contrario: muchos fanáticos leales de determinada empresa comenzaron siendo clientes insatisfechos, pero posteriormente se sintieron tan sorprendidos por la forma en que el propietario abordó sus quejas que se convirtieron en sus principales defensores.

¿Era Lincoln una persona anticonvencional? Podemos observar que impulsó a su país en gran medida y unificó el espíritu nacional. Puede que en comparación al resto de figuras del libro, Lincoln era anticonvencional pero tenía la capacidad de persuadir a las personas, de conquistar las mentes y los corazones, de dar discursos apasionados, y de inspirar a las personas a entender su visión.

El poder de la mentalidad

Daremos cierre a este libro con el estudio de una cualidad asociada a la genialidad que no está en nuestra lista original. Sin embargo, esta cualidad es la que permite que todas las demás se unifiquen de forma armoniosa, y permite que cualquier persona aproveche al máximo las geniales cualidades que ya posee. Descartes era increíblemente inteligente. Sócrates era implacable. Einstein se dedicó a las ciencias "duras" y Tesla y Edison eran empresarios sagaces. Sin embargo, Lincoln resalta en un conjunto de habilidades completamente distinto: las llamadas "habilidades sociales".

Lincoln tenía estilo. Era un orador brillante, un estratega astuto, y sabía trabajar en equipo. Sí, tenía una mente inquisitiva, disciplina y la osadía para romper paradigmas, pero fue su actitud la que le permitió compartir todas estas cualidades con el resto del mundo. En primer lugar, Lincoln era un comunicador excepcional. De hecho, su habilidad narrativa era legendaria, y era conocido por su capacidad de entablar una conversación con cualquier persona, sobre cualquier tema. Su principal interés no era expresar los hechos de forma correcta o demostrar su superioridad; por el contrario, buscaba conectarse con su audiencia, independientemente de cuál fuese, usando lenguaje específico para que el mensaje impactase a las personas de manera más profunda.

Lincoln también inspiraba cierto respeto porque era honesto y directo. Las personas sentían su humildad y reaccionaban a ella, sintiéndose escuchados en su presencia. No es muy difícil encontrar ejemplos de personas inteligentes, habilidosas y que técnicamente tienen la razón, pero que molestan, ofenden y alejan a los demás porque se rehúsan a llegar a un acuerdo.

En este sentido, las cinco cualidades asociadas a la genialidad que mencionamos anteriormente se vuelven prácticamente inútiles si pertenecen a una persona incapaz de relacionarse de manera significativa con los demás y compartir dichos dones. Lincoln tenía empatía y la capacidad de imaginar de forma creativa el mundo de otras personas, comunicándose con ellas de forma más directa al tomar en cuenta sus valores y perspectivas. Esto da lugar a un debate fructífero. Se dice que Lincoln siempre respondía de forma tranquila y respetuosa, incluso al ser abordado por políticos irrespetuosos o iracundos, y siempre se mostraba empático con todas las partes involucradas, incluso en pleno auge de la Guerra Civil.

Las habilidades sociales son más que un elemento bonito para nuestro arsenal, o que una especie de aspecto opcional en comparación a las habilidades más complejas de la vida. Repasa las cinco cualidades que hemos estudiado a lo largo del libro:

- Curiosidad insaciable
- Esfuerzo y disciplina
- Honestidad intelectual
- Tener una amplia gama de intereses
- Pensamiento anticonvencional

Puede que ya te hayas dado cuenta de algo interesante: ¡"inteligencia extrema" no está en la lista! De hecho, dichas cualidades también podrían ser denominadas actitudes o mentalidades, y consisten de conductas que podemos desarrollar a conciencia, independientemente de que nos consideremos inteligentes o no.

Por consiguiente, una persona con inteligencia moderada pero que cuente con todas las "habilidades sociales", incluyendo una mentalidad y ética laboral de primera, siempre exhibirá un mejor desempeño que alguien con talento natural, pero que a pesar de ello desperdicia y es incapaz de compartir dicho talento.

Al principio del libro, reflexionamos sobre lo que implicaba a ciencia cierta ser un genio, y evocamos la imagen de un sabelotodo espontáneo y ligeramente arrogante que siempre tiene la razón. Sin embargo, ¿es posible que lo que defina a un auténtico genio sea en realidad todo lo *demás*? Por supuesto, la inteligencia contribuye, pero quizá no te lleve muy lejos si no va acompañada de buenos hábitos y la actitud correcta.

El talento de Lincoln para la empatía y la comunicación no lo convertía en un pusilánime. Aun así era un excelente pensador crítico, que podía analizar los problemas desde distintas perspectivas y contemplar todo tipo de posturas políticas incompatibles, pensando de una forma que rompía paradigmas, ¡precisamente porque entendía a cabalidad todo lo que *formaba parte* de dicho paradigma! Esta es una actitud que requiere confianza en uno mismo y un estricto código moral.

Lincoln era resiliente, y nunca renunció a sus sueños, a pesar de que fracasó las primeras veces que se postuló para la

Cámara de Representantes. No fue sino veintiséis años después de dicho evento que alcanzó la presidencia (y se esforzó mucho durante dicho período). Es imposible imaginar a alguien teniendo tanta resistencia y dedicación a menos que tuviese la *actitud* de resiliencia. Vale la pena reiterarlo: no es cuestión de talento natural, o de tener la habilidad necesaria, sino de actitud.

El ingrediente secreto: humanidad

Uno de los mayores y más sempiternos logros de Lincoln fue su famoso Discurso de Gettysburg, un discurso que aún resuena a lo largo de la historia con estas conocidas primeras líneas que rememoran la Declaración de la Independencia: *"Hace ochenta y siete años..."*. El discurso fue sorprendentemente breve, con una extensión de apenas diez oraciones, pero era honesto, directo y poderoso. Se pronunció durante la Guerra Civil en 1863, en Gettysburg, Pensilvania, en el Cementerio Nacional de los Soldados. Sucedió un par de meses después de la victoria del ejército de la Unión sobre la Confederación en la Batalla de Gettysburg, y rindió tributo a los soldados que habían muerto en defensa del principio de que "todos los hombres son creados iguales".

La última parte del discurso explica, en relación a los soldados caídos: *"El mundo apenas notará o recordará por mucho tiempo lo que aquí se diga, pero jamás podrá olvidar lo que estos hombres lograron en este lugar. Somos más bien nosotros, los vivos, quienes debemos dedicarnos a la tarea inconclusa que los que aquí lucharon hicieron avanzar con tanta nobleza. Somos más bien nosotros quienes aquí debemos abocarnos a la gran tarea que aún queda ante nosotros; que de estos muertos a los que rendimos tributo se extraiga un mayor fervor hacia la causa por la que ellos dieron la mayor muestra de devoción; que tengamos la convicción de que estos muertos no dieron su vida en vano. Que esta nación, Dios mediante, experimente el renacimiento de la libertad. Y que el gobierno del pueblo, por el pueblo y para el pueblo, no desaparezca de la faz de la Tierra".*

En este discurso, Lincoln no solo comparte su propia y poderosa fuente de motivación: el deseo de hacer lo correcto, de luchar por la justicia, de defender la democracia y el honor de aquellos que han hecho el mismo sacrificio (también nos demuestra la facilidad con la que podía expresar conceptos tan importantes con palabras sencillas). Los espectadores afirmaron sentirse fascinados ante el discurso, el cual fue pronunciado con potencia y claridad, y hay reportes que indican que el público se quedó sin palabras tras aquellas líneas.

Lincoln no solo era capaz de percibir y luchar por una mejor visión del mundo; era capaz de expresar poderosos mensajes a los demás, de manera que estos pudiesen compartir su visión. Hablaba como un líder, sin engrandecerse y sin emplear palabras complicadas. Aquí podemos observar la poderosa raíz de la actitud de Lincoln: su convicción moral. Teníamos a un hombre que era capaz de hacer acopio de todo su esfuerzo, disciplina y resiliencia porque tenía la certeza de estar luchando por algo que valía la pena. ¿Y no es esta acaso la característica que define a todo gran hombre?

Al final, Lincoln no era más que un chico nacido en una cabaña de madera en Kentucky, y que no recibió más de año y medio de educación formal. Sin embargo, llegó a ser presidente de la nación y, aún más, uno de los presidentes más importantes en la historia de Estados Unidos. Por supuesto, el secreto de su éxito iba más allá de su inteligencia. Lincoln alcanzó el éxito gracias a una combinación de habilidad natural, esfuerzo, perseverancia y la firme convicción de dedicarse no solo a la búsqueda de hechos, sino de la *verdad*.

Moralejas

- **Las cualidades geniales de Lincoln incluían honestidad intelectual, moralidad, pensamiento anticonvencional, y habilidades sociales como la empatía y comunicación.**

- Lincoln recibió poca educación formal y provenía de una familia ordinaria, pero era alguien que poseía todas las habilidades que solemos asociar a la genialidad. Quizá su mayor talento era saber aprovechar la genialidad de los demás.
- Tras ser electo presidente, Lincoln sorprendió a todos al designar a su "equipo de rivales", el cual consistía de hombres que había vencido en las elecciones, y que solían llevarle la contraria. Sin embargo, con este equipo, fue capaz de lograr grandes hazañas por las que es conocido hasta el día de hoy.
- Al igual que Darwin, Lincoln sabía que el éxito y el aprendizaje son producto de las dificultades y de atreverse a considerar perspectivas alternas y antagónicas. El gabinete de Lincoln también le permitió aprovechar los diversos talentos de las personas.
- Lincoln también era, a diferencia de muchas figuras de este libro, un maestro de las habilidades sociales como la empatía, la comunicación, y la capacidad

de contar con un firme código moral de ética para impulsar sus objetivos.

- Las cinco cualidades geniales que ya se han explicado son perfeccionadas y transmitidas de forma más eficaz cuando se combinan con las habilidades sociales, tal como lo demuestra Lincoln. Bajo su mandato, la Guerra Civil dio paso a la emancipación y supuso el fin de la esclavitud, al igual que la instauración de un espíritu nacional nuevo y unificado que definió los principios democráticos del país a partir de entonces.
- Para seguir el ejemplo de Lincoln, tenemos que saber cómo pedir ayuda, cómo trabajar en equipo, cómo comunicarnos con nuestros críticos y rivales de forma estratégica, y cómo usar hasta a nuestros enemigos como los mejores maestros.
- Lincoln también nos enseña el poder de conectarnos no solo con nuestro propio código moral, sino con las demás personas a través de sus valores y principios, con el propósito de ser

mejores comunicadores y líderes más eficaces.

Resumen

CAPÍTULO 1. ¿QUÉ DEFINE A UN GENIO?

- Existen genios de todo tipo, de todos los sectores y de todos los períodos históricos, pero todos poseen ciertas características y mentalidades predecibles.
- Si podemos usar las cualidades de los intelectuales más importantes y exitosos como inspiración para nuestra vida, también podemos aprender a desarrollar más a fondo nuestro potencial intelectual y creativo.
- La primera cualidad es una **sed de aprendizaje y una curiosidad insaciable** respecto a la forma en que funciona el mundo y por qué lo hace. Es un conocimiento y entendimiento que se procura por el propio beneficio de obtenerlo, y no porque conduzca de forma indirecta hacia otro objetivo como la fama o el dinero. Dicha pasión e

inspiración nos hace perseverar en cualquier empresa.

- Otra cualidad es la diligencia, paciencia, dedicación y disciplina, es decir, todo lo asociado al **esfuerzo** constante. Si no llevamos a cabo acciones prácticas y rigurosas día tras día, ni estamos dispuestos a postergar la recompensa, el éxito nunca se materializará.
- La **honestidad intelectual** también es importante, y esta incluye la humildad y la capacidad de admitir tu ignorancia respecto a un tema, o que cometiste un error. Los genios saben que la terquedad, los prejuicios, las expectativas y el ego pueden minar el auténtico aprendizaje.
- La mayoría de genios suelen ser **polímatas** (diestros en diversas áreas) y en lugar de tener intereses reducidos, estos son de lo más extensos. Están bien instruidos y realizan conexiones entre todas las disciplinas, perciben relaciones y analogías, y encuentran inspiración en todos los campos de estudio, jamás limitándose a un área en específico.

- Por último, suele manejarse la opinión de que los genios son pensadores innovadores y **creativos**. Tales personas son anticonvencionales y suelen ignorar las reglas arbitrarias, las opiniones populares o las premisas y hábitos indiscutidos. Se sienten cómodos yendo más allá de los límites y explorando nuevo territorio, y esto los convierte en personas innovadoras y pioneras (¡y que también resuelven los problemas!)
- Siempre podemos tener en cuenta dichas mentalidades propias de un genio y procurar desarrollarlas de distintas formas.

Capítulo 2. Einstein y el juego combinatorio

- **Las cualidades geniales de Einstein incluían curiosidad, tener una amplia gama de intereses (es decir, ser polímata), y su rechazo a doblegarse ante las convenciones.**

- Hoy en día, Einstein es conocido como uno de los científicos intelectuales más influyentes del siglo 20, y era considerado por muchos como un genio tanto en el ámbito de las matemáticas como de la física. Ganó el Premio Nobel por su trabajo sobre el efecto fotoeléctrico, pero en la actualidad es más conocido por su revolucionaria teoría sobre la relatividad y su famosa ecuación $E=mc^2$.

- Einstein acuñó un término propio para denominar al tipo de conexiones osadas y espontáneas que establecía entre distintos temas e ideas: juego combinatorio. Al combinar dos ideas independientes para crear algo nuevo,

Einstein solía resolver problemas, proponer ideas creativas e innovadoras o abrir un horizonte de ideas por explorar.

- El juego de las situaciones hipotéticas es otra forma de ejercitar el músculo de la curiosidad y brindar frescura e innovación al pensamiento convencional. Al desarrollar situaciones hipotéticas y experimentos mentales, Einstein satisfacía su sed de aprendizaje y comprensión, y tenía acceso a nueva información que se salía de las convenciones de la época.

- Einstein era polímata y tenía una amplia gama de intereses, en lugar de un punto de interés limitado. Tocaba el violín y el piano, y tuvo algunas de sus ideas más brillantes mientras tocaba. Ser de mente abierta y contar con una diversidad de intereses promueve la agilidad intelectual y las perspectivas flexibles y de amplio espectro.

- Einstein también era una persona poco convencional y que trabajaba de forma independiente, a pesar de las normas establecidas que lo rodearon durante las primeras etapas de su vida. Esto le permitió adoptar ideas genuinamente independientes y aportar algo completamente distinto al campo de la física.

- En el caso de Einstein, podemos notar que la no linealidad del pensamiento, la curiosidad insaciable y la amplia gama de intereses que lo caracterizaban no solo eran provechosas para su éxito, sino esenciales. Podemos seguir su ejemplo al desarrollar juegos interdisciplinarios e imaginar situaciones hipotéticas en las áreas que nos apasionen.

- Aunque lo convencional podría ser útil de vez en cuando, ¡el mejor territorio a explorar es el desconocido!

- Para parecernos más a Einstein, podemos idear formas de eliminar los límites y distinciones artificiales en nuestra forma de pensar, y combinar conceptos e ideas con libertad (¿se te ocurre una forma de combinar dos de tus intereses para producir una tercera idea completamente nueva?).

Capítulo 3. Las preguntas interminables de Sócrates

- **Las cualidades geniales de Sócrates incluían curiosidad, honestidad intelectual y pensamiento anticonvencional.**
- Aunque no se sabe mucho sobre la vida personal de Sócrates, sus estudiantes y seguidores escribieron diálogos y obras teatrales que contenían algunas de sus ideas principales, donde demostraba una gran capacidad de percepción y argumentación racional.
- Al igual que otras personas consideradas como grandes filósofos, Sócrates adoptaba la ignorancia total como punto de partida y liberaba su mente de manera que pudiese indagar de forma genuina en la naturaleza de las cosas. Su método socrático es un enfoque clásico que se encuentra basado en preguntas para obtener conocimiento y comprensión.

- Para aplicarlo en nuestra vida, podemos usar seis tipos de preguntas para llegar al meollo del asunto.
- Podemos realizar preguntas de aclaración; preguntas para comprobar premisas, bases, lógica y evidencia; cuestionar perspectivas y puntos de vista; considerar implicaciones y consecuencias; y hacer preguntas sobre la naturaleza de la propia pregunta.
- Nuestro objetivo es descubrir por qué ciertas ideas son importantes, identificar las conjeturas ocultas o inconscientes que puedan existir en nuestro argumento, analizar la evidencia de forma más racional y profunda, considerar y sopesar las posibles perspectivas que no hemos tomado en cuenta, pensar en la implicación de la respuesta que estamos buscando y cómo se relaciona con el resto de información que poseemos, y examinar la forma en que formulamos nuestra pregunta y por qué lo hacemos de dicha manera.
- El método socrático puede ser empleado para indagar a mayor profundidad en nuestras propias creencias, pero

también puede ayudarnos a debatir de forma más efectiva con los demás. Podemos usar los aspectos fundamentales del diálogo socrático para estructurar argumentos más lógicos o diseñar experimentos que sigan el método científico, es decir, realizar una hipótesis (una pregunta) y contrastarla con evidencia y observación para llegar a una conclusión minuciosa.
- Para parecernos más a Sócrates, podemos adoptar el hábito de hacernos preguntas de rutina sobre nuestras creencias y premisas más arraigadas, sin dar nada por sentado. Sé como un niño que no para de preguntar: "¿Por qué?"

Capítulo 4. La regla de oro de Darwin

- **Las cualidades geniales de Darwin incluían esfuerzo y disciplina, honestidad intelectual y pensamiento anticonvencional.**

- Darwin fue un naturalista prolífico cuyo trabajo sobre la selección natural, el origen de las especies y la evolución marcó un hito en el ámbito científico, y sentó las bases para nuestro paradigma biológico actual.

- Se decía que Darwin era una persona metódica, lenta y extremadamente paciente que se dedicó con diligencia a sus proyectos durante toda su vida. Podemos notar el esfuerzo, disciplina, constancia y resiliencia en sus aportes a la ciencia. Aunque no era considerado como un genio por la opinión pública, aun así logró alcanzar un enorme éxito que cambió el mundo para siempre.

- Darwin demostró estar comprometido con la honestidad intelectual, curiosidad y humildad al aplicar lo que él denominaba "la regla de oro". Prestaba mucha atención al material que refutaba sus creencias, premisas y expectativas más arraigadas, sabiendo que la tendencia innata sería ignorar este tipo de información.

- Al igual que Darwin, al considerar opiniones alternativas e involucrarnos abiertamente con aquellos que difieran de nuestras ideas, reducimos la influencia de los prejuicios en el proceso de aprendizaje y obtenemos una comprensión más cabal.

- Los increíbles logros de Darwin no hubiesen sido posibles de no haber estado dispuesto a pensar de forma creativa, así como a albergar ideas que resultaban poco convencionales para la época.

- Darwin nos enseña a ser intelectualmente honestos, y a seguir la evidencia, la lógica y los hechos sin importar a donde nos lleven, incluso si tenemos que descartar nuestras viejas creencias, admitir que estamos equivocados o sacar conclusiones que podrían convertirnos en el blanco de las críticas.

- Para seguir el ejemplo de Darwin, podemos redoblar esfuerzos para salir de nuestro propio "filtro burbuja" y buscar información de forma deliberada que contradiga nuestras creencias más arraigadas. Cambia tu buscador o involúcrate con personas que generalmente evitarías. Desarrolla el hábito de preguntarte: "¿Qué estoy pasando por alto?"

Capítulo 5. René Descartes y el comenzar "de cero"

- **Las cualidades geniales de Descartes incluían honestidad intelectual, intereses diversos y pensamiento anticonvencional.**
- El francés René Descartes es considerado popularmente como el padre de la filosofía occidental, y realizó un gran aporte a muchos conceptos metafísicos que siguen vigentes en la actualidad.
- La genialidad de Descartes consistía, al igual que en el caso de Sócrates, en comenzar desde un punto de completa ignorancia, es decir, comenzar desde el cuestionamiento absoluto y avanzar paso a paso hacia el verdadero conocimiento, usando el pensamiento lógico y racional.

- En 1641, publicó sus *Meditaciones metafísicas*, cuyas primeras tres meditaciones están diseñadas como ejercicios para ayudar a las personas a usar el "método de la duda" para descartar creencias falsas (meditación 1), identificar las creencias que no podrían ser falsas (meditación 2) y determinar criterios sólidos para definir lo que constituye un conocimiento fidedigno (meditación 3).
- Básicamente, este enfoque es una versión preliminar del método científico, pues describe el camino a seguir para alcanzar el conocimiento real, descartando todo aquello que pueda ser cuestionado y concentrándose en aquello que por lógica no puede ser falso y, por lo tanto, tiene que ser verdad. Es a través de este método que Descartes creía ser capaz de desarrollar una filosofía sólida.
- En la primera meditación, usamos la duda hipotética para obtener la verdad oculta tras las imprecisiones de nuestra propia percepción, al igual que las fallas y límites de nuestras facultades de

razonamiento. Podemos aplicar esta sensación al recordarnos que siempre es posible estar equivocados, y a tomar la duda como punto de partida, en lugar de especular.

- La meditación 2 consiste en descubrir cuál es la verdad tras haber eliminado todo lo falso de la ecuación. Es aquí donde la famosa proposición *cogito ergo sum* de Descartes entra en acción, explicando que él al menos sabía con certeza que tenía la capacidad de pensar, y que eso demostraba su existencia.
- Y esto nos lleva a la meditación 3, la cual define los criterios del conocimiento universal como elementos que pueden ser percibidos de forma clara e inequívoca.
- Inspirándonos en Descartes, no es necesario seguir su compleja filosofía al pie de la letra, pero podemos aplicar una especie de duda filosófica, comprometiéndonos a jamás sostener creencias de cuya falsedad estemos conscientes, y a tener estándares estrictos sobre lo que consideramos verdadero.

Capítulo 6. Tesla y Edison: dos caminos al éxito

- **Las cualidades geniales de Edison incluían intereses diversos, pensamiento anticonvencional, esfuerzo y disciplina.**
- **Las cualidades geniales de Tesla incluían curiosidad, pensamiento anticonvencional y honestidad intelectual.**
- Edison y Tesla fueron dos inventores que disputaron la llamada guerra de las corrientes a finales del siglo 19. Tesla trabajaba para Edison, pero se volvió su rival cuando le brindó nuevas ideas a un competidor, George Westinghouse, y alcanzó el éxito a su lado. Aunque Edison había dominado el mercado con sus sistemas de energía CD, al final de la guerra fueron Tesla y la nueva electricidad CA quienes se llevaron la victoria.
- Edison era un inventor prolífico y productivo que también fabricaba y comerciaba sus productos por todo el

país. Su enfoque consistía en realizar mejoras graduales a elementos que ya existían, y con el tiempo amasó más de 1000 patentes a su nombre.

-
- El enfoque de Tesla era un poco distinto, en el sentido de que era menos prolífico pero más innovador, y, a diferencia de Edison, fue capaz de unirse a la revolución de la tecnología CA. Se decía que Tesla tuvo sus grandes ideas estando alejado del trabajo, mientras descansaba o daba un paseo.
- Ambos fueron individuos superexitosos, y ambos poseían cualidades propias de un genio, incluyendo determinación, disciplina, y la disposición para dedicarse a aquello que despertaba su interés incluso si iba en contra de las costumbres. Además, ambos estaban dispuestos a seguir presionándose y desafiándose a sí mismos para ser cada vez mejores, en lugar de conformarse con la mediocridad.
- Podemos desarrollar tanto el enfoque de Edison como el de Tesla en nuestras vidas: en primer lugar, podemos

asegurarnos de tener una amplia gama de intereses entre los cuales alternar, y tomar descansos regulares para refrescar nuestra mente y cambiar de perspectiva. En segundo lugar, podemos usar la técnica SCAMPER para modificar nuestro proyecto y desarrollar paso a paso nuevas ideas y soluciones.

- SCAMPER significa sustituir, combinar, adaptar, magnificar o modificar, proponer un uso distinto, eliminar y reorganizar o revertir.

Capítulo 7. Copérnico y Galileo: la osadía de ir contra la corriente

- **Las cualidades geniales de Copérnico y Galileo incluían honestidad intelectual y pensamiento anticonvencional.**
- Copérnico fue un astrónomo considerado como el pionero en proponer la idea del heliocentrismo. Fue Galileo quien popularizó y expandió dichas ideas tras la muerte de Copérnico, pero Galileo también tuvo

muchos otros logros, incluyendo la invención de un telescopio y numerosos descubrimientos fantásticos en el área de la astronomía y las matemáticas.
- Las ideas de Galileo cuestionaban de forma directa la perspectiva religiosa que predominaba en la época, ganándose el desdén del público e incluso llegando a ser juzgado y condenado por herejía. Fue obligado a retractarse de sus afirmaciones bajo amenaza de muerte.
- Puede que Galileo haya cedido ante la persecución de la iglesia, pero sus ideas fueron retomadas por otros científicos de países no católicos, hasta que, a finales del siglo 18, el modelo heliocéntrico fue demostrado finalmente.
- Tanto Galileo como Copérnico poseían una originalidad e independencia de pensamiento extraordinarias, y se regían por los hechos y la evidencia a pesar de la oposición de los demás. Ambos llegaron tan lejos gracias a su honestidad intelectual y a la disposición a dedicarse a lo que creían correcto.

- Podemos seguir sus ejemplos si comprendemos que, en ocasiones, el éxito consiste en atreverse a ser impopular. Si podemos librarnos de ideas deterministas, tomar las riendas de nuestras acciones y de nuestra independencia, y fomentar nuestra autoestima, seremos menos susceptibles a los señalamientos y críticas de los demás.
- Para ser pensadores independientes, tenemos que reducir el valor que le damos a la aprobación social y aumentar el valor que le damos a nuestra propia visión.
- Para fomentar la valentía, podemos consultar de forma constante nuestros valores y principios, y regirnos por ellos en todo momento. Muchos genios son motivados por un compromiso inquebrantable con su causa. ¿Cuál es la tuya?

Capítulo 8. Abraham Lincoln y su equipo de rivales

- **Las cualidades geniales de Lincoln incluían honestidad intelectual, moralidad, pensamiento anticonvencional, y habilidades sociales como la empatía y comunicación.**
- Lincoln recibió poca educación formal y provenía de una familia ordinaria, pero era alguien que poseía todas las habilidades que solemos asociar a la genialidad. Quizá su mayor talento era saber aprovechar la genialidad de los demás.
- Tras ser electo presidente, Lincoln sorprendió a todos al designar a su "equipo de rivales", el cual consistía de hombres que había vencido en las elecciones, y que solían llevarle la contraria. Sin embargo, con este equipo, fue capaz de lograr grandes hazañas por las que es conocido hasta el día de hoy.
- Al igual que Darwin, Lincoln sabía que el éxito y el aprendizaje son producto de las dificultades y de atreverse a considerar perspectivas alternas y antagónicas. El gabinete de Lincoln

también le permitió aprovechar los diversos talentos de las personas.
- Lincoln también era, a diferencia de muchas figuras de este libro, un maestro de las habilidades sociales como la empatía, la comunicación, y la capacidad de contar con un firme código moral de ética para impulsar sus objetivos.
- Las cinco cualidades geniales que ya se han explicado son perfeccionadas y transmitidas de forma más eficaz cuando se combinan con las habilidades sociales, tal como lo demuestra Lincoln. Bajo su mandato, la Guerra Civil dio paso a la emancipación y supuso el fin de la esclavitud, al igual que la instauración de un espíritu nacional nuevo y unificado que definió los principios democráticos del país a partir de entonces.
- Para seguir el ejemplo de Lincoln, tenemos que saber cómo pedir ayuda, cómo trabajar en equipo, cómo comunicarnos con nuestros críticos y rivales de forma estratégica, y cómo usar hasta a nuestros enemigos como los mejores maestros.

- Lincoln también nos enseña el poder de conectarnos no solo con nuestro propio código moral, sino con las demás personas a través de sus valores y principios, con el propósito de ser mejores comunicadores y líderes más eficaces.